KLINGENDE EINSAMKEIT –
SOLEDAD SONORA

Der Kosmos der Lyrik in spanischer Sprache ist von einem unermessli-chen Reichtum an Traditionen und Formen geprägt. Er umfasst jenen weiten Kulturraum, der Spanien mit Lateinamerika verbindet. Dieser Band versammelt Höhepunkte der spanischsprachigen Dichtung aus sechs Jahrhunderten. Den Anfang bildet der leuchtende «Herbst des Mittelalters» auf der iberischen Halbinsel mit seiner hierzulande kaum bekannten höfischen Lyrik. Die spektakuläre Dichtung des Barock, des spanischen Goldenen Zeitalters, ist mit großen Namen wie Luis de Góngora, Lope de Vega und Calderón de la Barca vertreten. Den Auf-bruch in die Moderne vollziehen dann José Martí aus Kuba und Rubén Darío aus Nicaragua, mit denen sich das spanischsprachige Amerika vom europäischen Mutterland emanzipiert. Die lyrischen Landschaften des 20. und beginnenden 21. Jahrhunderts werden in dieser kleinen Anthologie durch berühmte Autoren wie Federico García Lorca, Pablo Neruda und Octavio Paz und große Dichterinnen wie Alfonsina Storni und Amanda Berenguer repräsentiert. Dieser Band mit seinen glänzenden Übersetzungen ist eine Verführung zum Entde-cken einer unvergleichlichen poetischen Welt.

KLINGENDE EINSAMKEIT –
SOLEDAD SONORA

Kleine Anthologie spanischsprachiger Lyrik

Herausgegeben von
Martin von Koppenfels
und Susanne Lange

Zweisprachig

C.H.BECK textura

Die Reihe *textura* wurde vom Verlag Langewiesche-Brandt
(Ebenhausen bei München) begründet und wird seit dem Jahr 2010
vom Verlag C.H.Beck fortgeführt.

Grundlage dieses Bandes ist die vierbändige Anthologie *Spanische
und hispanoamerikanische Lyrik,* hg. v. Martin von Koppenfels,
Susanne Lange, Johanna Schumm, Petra Strien und Horst Weich,
© C.H.Beck Stiftung GmbH, erschienen 2022 im Verlag C.H.Beck.

Für diesen Band:
© Verlag C.H.Beck oHG, München 2023
www.chbeck.de
Umschlaggestaltung: Kunst oder Reklame, München
Umschlagmotiv: Kunst oder Reklame, München
Satz: Fotosatz Amann, Memmingen
Druck und Bindung: Pustet, Regensburg
Gedruckt auf säurefreiem, alterungsbeständigem Papier
Printed in Germany
ISBN 978 3 406 79812 2

myclimate

klimaneutral produziert
www.chbeck.de / nachhaltig

INHALT

JUAN RODRÍGUEZ DEL PADRÓN

(1390?-1450, CASTILLA)

BIEN AMAR, LEAL SERVIR,
cridar e dezir mis penas,
es sembrar en las arenas
o en las ondas escrevir.

Si tanto cuanto serví
sembrara en la ribera,
tengo que reverdesciera
e diera fructo de sí.
E aun por verdat dezir,
si yo tanto escreviera
en la mar, yo bien podiera
todas las ondas teñir.

JUAN RODRÍGUEZ DEL PADRÓN

(1390?–1450, KASTILIEN)

ALL MEIN DIENEN, ALL MEIN LIEBEN,
was ich laut und still gefleht,
ist nur in den Sand gesät,
ist nur in das Meer geschrieben.

Hätt ich all mein eifrig Lieben
eingestreuet in den Sand,
blühend stände längst der Strand,
Früchte hätt er längst getrieben.
Hätt ich in das Meer geschrieben
meine Seufzer, meine Qual,
von den Wellen ohne Zahl
wäre keine leer geblieben.

Ludwig Uhland

JORGE MANRIQUE
(1440-1479, CASTILLA)

ESCALA DE AMOR

Estando triste, seguro,
mi voluntad reposava
cuando escalaron el muro
do mi libertad estava;
a escala vista subieron
vuestra beldad y mesura
y tan de rezio hirieron
que vencieron mi cordura.

Luego todos mis sentidos
huyeron a lo más fuerte,
mas ivan ya mal heridos,
con sendas llagas de muerte;
y mi libertad quedó
en vuestro poder cativa,
mas gran plazer ove yo
desque supe que era biva.

Mis ojos fueron traidores:
ellos fueron consintientes,
ellos fueron causadores
que entrassen aquestas gentes,
que el atalaya tenían
y nunca dixeron nada

JORGE MANRIQUE

(1440–1479, KASTILIEN)

STURMLEITER DER LIEBE

Arglos, doch in tiefen Sorgen,
lag mein Wille wohlgeborgen,
als der Feind die Mauer stürmte,
die die Freiheit mir beschirmte.
Eure Schönheit, Eure Zucht
stiegen ein am hellen Tag,
griffen an mit solcher Wucht,
dass mein Urteil unterlag.

Meine Sinne flohen gleich
in den inneren Festungsring,
so verletzt von manchem Streich,
dass der Tod sie schon umfing;
Meine Freiheit blieb zurück,
schutzlos Euch anheimgegeben,
doch vernahm ich voller Glück,
sie sei immerhin am Leben.

Meine Augen, die Verräter,
waren mit dem Feind im Bund:
Für den Einbruch jener Täter
waren sie der wahre Grund,
denn auf hohem Turm postiert,
haben sie mir nicht verkündet,

de la batalla que vían
ni hizieron ahumada.

Después que ovieron entrado
aquestos escaladores,
abrieron el mi costado
y entraron vuestros amores,
y mi firmeza tomaron,
y mi coraçón prendieron,
y mis sentidos robaron,
y a mí solo no quisieron.

Fin
Qué gran aleve hizieron
mis ojos y qué traición:
por una vista que os vieron
venderos mi coraçón.

Pues traición tan conoscida
ya les plazía hazer,
vendieran mi triste vida
y oviera de ello plazer,
mas al mal que cometieron
no tienen escusación:
por una vista que os vieron
venderos mi coraçón.

dass ein Heer heranmarschiert,
und auch kein Signal entzündet.

Als die Kletterer die Schranke
überwanden und das Tor,
fiel mir Liebe in die Flanke
und drang tief ins Innere vor,
stürmte meinen festen Sinn,
nahm mein Herz im Handstreich ein,
raffte meine Sinne hin
und verschmähte mich allein.

Schluss
Seht, welch übles Schurkenstück
meine Augen an mir taten:
haben für nur einen Blick
gleich mein Herz an Euch verraten.

Hätten sie nur auch mein Leben,
wie's in ihrem Wesen liegt,
samt dem Herzen dreingegeben,
ich hätt freudig mich gefügt;
doch entschuldigt kein Geschick
diese falschen Renegaten,
die für einen einzigen Blick
gleich mein Herz an Euch verraten.

Martin von Koppenfels

COMENDADOR ESCRIVÁ

(SEGUNDA MITAD S. XV-PRINCIPIOS S. XVI,

CASTILLA-ARAGÓN)

VEN, MUERTE, tan escondida
que no te sienta comigo
porque el gozo de contigo
no me torne a dar la vida.

Ven como rayo que hiere,
que hasta que ha herido
no se siente su ruido
por mejor herir do quiere.

Assí sea tu venida,
si no, desde aquí me obligo
que el gozo que havré contigo
me dará de nuevo vida.

KOMTUR ESCRIVÁ

KOMM O TOD von Nacht umgeben,
leise komm zu mir gegangen,
dass die Lust, dich zu umfangen,
nicht zurück mich ruf' ins Leben.

Komm so wie der Blitz uns rühret,
den der Donner nicht verkündet,
bis er plötzlich sich entzündet
und den Schlag gedoppelt führet.

Also seist du mir gegeben
plötzlich stillend mein Verlangen,
dass die Lust dich zu umfangen
nicht zurück mich ruf' ins Leben.

Emanuel Geibel

FLORENCIA PINAR

(SEGUNDA MITAD S. XV-

PRINCIPIOS S. XVI, CASTILLA-ARAGÓN)

OTRA CANCIÓN DE LA MISMA SEÑORA A UNAS PERDIZES QUE LE ENBIARON BIVAS

De estas aves su nación
es cantar con alegría
y de vellas en prisión
siento yo grave passión
sin sentir nadie la mía.

Ellas lloran que se vieron
sin temor de ser cativas
y a quien eran más esquivas
essos mismos las prendieron;
sus nombres mi vida son,
que va perdiendo alegría
y de vellas en prisión
siento yo grave passión
sin sentir nadie la mía.

FLORENCIA PINAR

(ZWEITE HÄLFTE 15. JH.–
ANFANG 16. JH., KASTILIEN-ARAGÓN)

EIN ANDERES LIED DERSELBEN DAME AUF
EIN PAAR LEBENDE TAUBEN, DIE MAN IHR SCHICKTE

Dieser Vögel Art und Streben
ist's zu singen voller Lust.
Hinter ihren Gitterstäben
lassen sie mein Herz erbeben,
doch wer hat mein Leid gewusst?

Trostlos sind, die gestern noch
frei sich glaubten und in Frieden;
die, die sie am meisten mieden,
fingen sie am Ende doch.
Und ihr Name nennt mein Leben:
Taub ist es für alle Lust;
hinter ihren Gitterstäben
lassen sie mein Herz erbeben,
doch wer hat mein Leid gewusst?

Martin von Koppenfels

GIL VICENTE

(1470?-1540?, PORTUGAL)

MAL FERIDA va la garza
   enamorada;
sola va y gritos daba.

A las orillas de un río
la garza tenía el nido;
ballestero la ha herido
   en el alma.
Sola va y gritos daba.

GIL VICENTE

(1470?–1540?, PORTUGAL)

VERWUNDET fliegt die Wildgans
    in Lieb entbrannt;
sie fliegt allein und klagt.

Am Fluss hat sie dort unten
ihr Nest gebaut am Ufer,
vom Schützen schwer verwundet,
    in Seelenqual.
Sie fliegt allein und klagt.

Susanne Lange

ROMANCE ANÓNIMO

EL PRISIONERO

—Por el mes era de mayo,   cuando hace la calor,
cuando canta la calandria   y responde el ruiseñor,
cuando los enamorados   van a servir al amor;
sino yo, triste cuitado,   que vivo en esta prisión,
que ni sé cuándo es de día   ni cuándo las noches son
sino por una avecilla   que me cantaba al albor;
matómela un ballestero,   déle Dios mal galardón.
Cabellos de mi cabeza   lléganme al corvejón,
los cabellos de mi barba   por manteles tengo yo,
las uñas de las mis manos   por cuchillo tajador.
Si lo hacía el buen rey,   hácelo como señor;
si lo hace el carcelero,   hácelo como traidor.
Mas quién agora me diese   un pájaro hablador
siquiera fuese calandria,   o tordico, o ruiseñor,
criado fuese entre damas   y avezado a la razón,
que me lleve una embajada   a mi esposa Leonor:
que me envíe una empanada   no de trucha ni salmón
sino de una lima sorda   y de un pico tajador,
la lima para los hierros   y el pico para la torre.—
Oído lo había el rey,   mandóle quitar la prisión.

ANONYMER ROMANCE

LIED DES GEFANGENEN

«Wieder ist der Mai erschienen,   wo die frohe Zeit beginnt,
wo die Lerche jubelnd singet,   Nachtigall ihr Antwort gibt,
mit einander die Verliebten   plaudernd durch das Grüne ziehn.
Ich nur bleibe traurig immer,   weil ich hier im Kerker bin;
weiß nicht, steigt der Abend nieder,   weiß nicht, ob der Tag anbricht.
Wohl ein Vöglein sang mir Lieder   jedesmal beim Morgenlicht,
Schütze tät's vom Zweige schießen,   lohn ihm Gott, wie er's verdient!
Meine langen Haare fließen   wie ein Mantel über mich,
meinen Bart wie einen Teppich   kann ich breiten übern Tisch;
langgewachsne Nägel dienen   wie ein scharfes Messer mir.
Ist's der König, der mir's bietet,   vor dem Herren beug ich mich,
aber ist's der Kerkerdiener,   tut er wie ein Schuft an mir.
Wer mir jetzt ein Vöglein liehe,   Lerche, Drossel oder Fink,
unter Damen abgerichtet   wohl zum Sprechen frei und flink,
meiner Frau Lenore schicken,   ach, als Boten wollte ich's,
dass sie schnell mir zugehn ließe   Backwerk, das nicht Fleisch noch Fisch,
sondern Feilen in sich schließe;   eine Haue, scharf und spitz –
Feile für die Kettenringe,   Haue für das Turmverlies!»
König hört' die Klagen wieder,   frei er den Gefangnen ließ.

Joseph von Eichendorff

DOS CANCIONES ANÓNIMAS

AL ALBA VENID, buen amigo,
al alba venid.

Amigo, el que yo más quería,
venid al alba del día.

(Amigo, el que yo más quería,
venid a la luz del día).

Amigo, el que yo más amaba,
venid a la luz del alba.

Venid a la luz del día,
non trayáis compañía.

Venid a la luz del alba,
non traigáis gran compaña.

EN ÁVILA, MIS OJOS,
dentro en Ávila.

En Ávila del Río
mataron a mi amigo.
Dentro en Ávila.

ZWEI ANONYME LIEDER

AM MORGEN, FREUND, kommt her zu mir,
   am Morgen her zu mir.

Liebster Freund, vergesst mein nicht,
kommt, sobald der Tag anbricht.

(Liebster Freund, vergesst mein nicht,
kommt beim ersten Tageslicht.)

Freund, Ihr wart schon immer mein,
kommt zu mir im Morgenschein.

Kommt beim ersten Tageslicht,
des Geleits bedarf es nicht.

Kommt zu mir im Morgenschein,
ungeleitet und allein.

Thomas Brovot

IN ÁVILA, MEIN AUGENLICHT,
inmitten Ávilas.

In Ávila am Fluss
bracht man den Freund mir um.
Inmitten Ávilas.

Susanne Lange

CANCIÓN SEFARDÍ

DEBAJO DEL LIMÓN LA NOVIA,
y sus pies en el agua fría.
  Y debajo de la rosa.

Debajo del limón la novia,
y sus pies en el agua helada.
  Y debajo de la rosa.

—¿Adónde, mi novia querida?
—A formar con vos guarida.
  Y debajo de la rosa.

EIN SEPHARDISCHES LIED

UNTER ZITRONEN DIE BRAUT,
und die Füße im kalten Wasser.
Und unter Rosen auch.

Unter Zitronen die Braut,
und die Füße im eiskalten Wasser.
Und unter Rosen auch.

«Wohin, geliebte Braut?»
«Ein Nest für uns zu bauen.»
Und unter Rosen auch.

Petra Strien

GARCILASO DE LA VEGA

(1501?-1536, MONARQUÍA HISPÁNICA)

SONETO IV

Un rato se levanta mi esperanza,
mas cansada de haberse levantado,
torna a caer, que deja, a mal mi grado,
libre el lugar a la desconfianza.

¿Quién sufrirá tan áspera mudanza
del bien al mal? ¡Oh corazón cansado,
esfuerza en la miseria de tu estado,
que tras fortuna suele haber bonanza!

Yo mismo emprenderé a fuerza de brazos
romper un monte que otro no rompiera,
de mil inconvenientes muy espeso;

muerte, prisión no pueden, ni embarazos,
quitarme de ir a veros como quiera,
desnudo espirtu o hombre en carne y hueso.

GARCILASO DE LA VEGA

(1501?–1536, SPANISCHE MONARCHIE)

SONETT IV

Ein Weilchen steigt mein Hoffen hoch empor,
doch dann, erschöpft davon, sich aufzuschwingen,
fällt es zurück, mag ich auch noch so ringen,
und öffnet der Verzagtheit Tür und Tor.

Doch wenn das Glück so jäh ins Unglück schlägt,
wer kann's ertragen? Müdes Herz im Leib,
in deiner schlimmen Lage standhaft bleib,
weil auch der stärkste Sturm sich endlich legt!

Mit bloßer Hand schlag ich durch Bergeswände
mir einen Weg, den jeder andre floh,
weil tausendfach Beschwernis er verheißt;

mich halten Tod, Gefängnis, Widerstände
nicht ab, zu Euch zu gehn, so oder so:
in Fleisch und Blut oder als nackter Geist.

Martin von Koppenfels

SONETO XXXII

Mi lengua va por do el dolor la guía;
ya yo con mi dolor sin guia camino;
entrambos hemos de ir con puro tino;
cada uno va a parar do no querría:

yo porque voy sin otra compañía
sino la que me hace el desatino;
ella porque la lleve aquel que vino
a hacerla decir más que querría.

Y es para mí la ley tan desigual,
que aunque inocencia siempre en mí conoce,
siempre yo pago el yerro ajeno y mío.

¿Qué culpa tengo yo del desvarío
de mi lengua, si estoy en tanto mal
que el sufrimiento ya me desconoce?

SONETT XXXII

Meine Zunge lässt vom Schmerz sich führen;
führerlos zieh ich samt Schmerz ins Weite;
tief ins Blaue irren wir zu zweit;
jeder landet, wo's ihm nicht gebührte;

ich, denn als Begleiter bleibt mir übrig
nichts als nur das Irren weit und weiter;
sie, weil grad ihr Träger sie verleitet,
mehr zu sagen, als ihr wohl gebührte.

Das Gesetz misst für mich mit zwei Ellen,
mag es meine Unschuld auch erkennen,
zahl ich den Verstoß, ob fremd, ob meiner.

Weshalb bin ich schuld an diesem Schweifen
meiner Zunge, wenn der Schmerz so brennt,
dass mich selbst das Leid schon nicht mehr kennt?

Susanne Lange

FRANCISCO DE ALDANA

(1537-1578, MONARQUÍA HISPÁNICA)

«¿CUÁL ES LA CAUSA, MI DAMÓN, que estando
en la lucha de amor juntos, trabados,
con lenguas, brazos, pies y encadenados
cual vid que entre el jazmín se va enredando,

y que el vital aliento ambos tomando
en nuestros labios, de chupar cansados,
en medio a tanto bien somos forzados
llorar y suspirar de cuando en cuando?»

«Amor, mi Filis bella, que allá dentro
nuestras almas juntó, quiere en su fragua
los cuerpos ajuntar también, tan fuerte

que no pudiendo, como esponja el agua,
pasar del alma al dulce amado centro,
llora el velo mortal su avara suerte.»

FRANCISCO DE ALDANA

(1537–1578, SPANISCHE MONARCHIE)

«WIE KOMMT'S, MEIN DAMON, dass, wenn wir im Ringen
der Liebe fest verschmolzen und verschlungen,
wenn wir verstrickt mit Armen, Füßen, Zungen,
so wie die Reben den Jasmin umschlingen,

dass wir, wenn unsere Lippen, müd vom Küssen,
vom Mund des andren Lebensatem trinken,
dass wir, wenn wir in soviel Glück versinken,
mitunter weinen oder seufzen müssen?»

«Die Liebe, Phyllis, die in tiefster Schicht
die Seelen einte, säh so gern vereint
und fest verschmolzen auch die Körper, dass

weil er der Seele süßes Zentrum nicht
durchdringen kann, so wie den Schwamm das Nass,
der erdverfallne Leib sein Los beweint.»

Martin von Koppenfels

SAN JUAN DE LA CRUZ

(1542-1591, MONARQUÍA HISPÁNICA)

NOCHE OSCURA

Canciones del alma que se goza de haber llegado al alto estado
de la perfección, que es la unión con Dios, por el camino de la
negación espiritual.

En una noche oscura
con ansias en amores inflamada
¡oh dichosa ventura!,
salí sin ser notada
estando ya mi casa sosegada.

A oscuras y segura,
por la secreta escala, disfrazada,
¡oh dichosa ventura!,
a oscuras y en celada,
estando ya mi casa sosegada.

En la noche dichosa,
en secreto, que nadie me veía
ni yo miraba cosa,
sin otra luz y guía,
sino la que en el corazón ardía.

JOHANNES VOM KREUZ

(1542–1591, SPANISCHE MONARCHIE)

[DUNKLE NACHT]

[Lied der Seele, die sich freut, den hohen Stand der
Vollkommenheit, der die Einung mit Gott ist, auf dem
Weg der geistigen Verleugnung erreicht zu haben.]

    In einer dunklen nacht
    Voll liebesflammen und voll bangem beben
    O glückliches geschick
    Enteilt ich unbewacht
    Da schon mein haus zur ruhe sich begeben.

    Im dunkel sicher schritt
    Ich die geheime treppe in verkleidung
    O glückliches geschick
    Im dunkel und verhüllt
    Da schon mein haus zur ruhe sich begeben.

    In der beglückten nacht
    Geheim wo keiner mich erkannte
    Noch ich ein ding erspäht ·
    Kein leiter und kein licht ·
    Nur das was innen mir im herzen brannte.

Aquesta me guiaba
más cierto que la luz de mediodía,
adonde me esperaba
quien yo bien me sabía,
en parte donde nadie parecía.

¡Oh noche, que guiaste!,
¡oh noche amable más que la alborada!,
¡oh noche que juntaste
Amado con amada,
amada en el Amado transformada!

En mi pecho florido,
que entero para él solo se guardaba,
allí quedó dormido,
y yo le regalaba,
y el ventalle de cedros aire daba.

El aire de la almena,
cuando yo sus cabellos esparcía,
con su mano serena
en mi cuello hería,
y todos mis sentidos suspendía.

Quedeme y olvideme,
el rostro recliné sobre el Amado;
cesó todo, y dejeme,
dejando mi cuidado
entre las azucenas olvidado.

Dorthin entführt' es mich
So sicher wie durch mittagliche helle
Dorthin wo er mein harrte
Den ich am orte wusste
Wo niemand anders konnte sein.

O nacht die du mich führest
O nacht mir holder als die morgenröte
O nacht die du vereintest
Den freund mit der geliebten
Den freund in die geliebte eingegangen.

An meiner blumigen brust
Die ich für ihn allein mir rein bewahrte
Da blieb er schlummernd liegen
Und ich liebkoste ihn
Indem der zedernfächer kühlung wehte.

Als schon der dämmerung luft
In seinen haaren spielte
Fasste er mich am hals
Mit der erlauchten hand
Und alle meine sinne standen still.

So blieb ich und vergass mich
Das antlitz zum geliebten neigend
Die Welt schwand. Ich versank
Und meine sorgen sanken
Inmitten der lilien begraben.

Stefan George

FERNANDO DE HERRERA

(1534-1597, MONARQUÍA HISPÁNICA)

SONETO X

Rojo sol, que con hacha luminosa
coloras el purpúreo y alto cielo:
¿hallaste tal belleza en todo el suelo
que iguale a mi serena Luz dichosa?

Aura süave, blanda y amorosa,
que nos halagas con tu fresco vuelo:
cuando se cubre del dorado velo
mi Luz, ¿tocaste trenza más hermosa?

Luna, honor de la noche, ilustre coro
de las errantes lumbres, y fijadas:
¿consideraste tales dos estrellas?

Sol puro, aura, luna, llamas de oro:
¿oísteis vos mis penas nunca usadas?;
¿visteis Luz más ingrata a mis querellas?

FERNANDO DE HERRERA

(1534–1597, SPANISCHE MONARCHIE)

SONETT X

Rote Sonne, deren Fackellicht
tief verfärbt den Himmelspurpur oben:
sahst du je auf Erden Schönheit wohnen,
seit du meine lichte Luz erblickt?

Milde Brise du, so liebreich, sanft,
schmeichelnd kommst du frisch herangeflogen:
hüllen um mein Licht sich goldgewoben
Schleier, fasstest du je schöneres Haar?

Mond, du Stolz der Nacht, illustrer Hof
leuchtender Gestirne, wandernd, starr:
sahst du je dergleichen Zwillingssterne?

Sonnenstrahl, Mond, Brise, Flammengold:
hörtet ihr von unerhörterer Qual?;
schien ein Licht je kälter auf mein Elend?

Susanne Lange

LUIS DE GÓNGORA
(1561-1627, MONARQUÍA HISPÁNICA)

MIENTRAS POR COMPETIR con tu cabello
oro bruñido al sol relumbra en vano;
mientras con menosprecio en medio el llano
mira tu blanca frente al lilio bello;

mientras a cada labio, por cogello,
siguen más ojos que al clavel temprano,
y mientras triunfa con desdén lozano
del luciente cristal tu gentil cuello;

goza cuello, cabello, labio y frente,
antes que lo que fue en tu edad dorada
oro, lilio, clavel, cristal luciente,

no sólo en plata o víola troncada
se vuelva, más tú y ello juntamente
en tierra, en humo, en polvo, en sombra, en nada.

A UNOS ÁLAMOS BLANCOS

Verdes hermanas del audaz mozuelo
por quien orilla el Po dejastes presos
en verdes ramas ya y en troncos gruesos
el delicado pie, el dorado pelo:

LUIS DE GÓNGORA

(1561–1627, SPANISCHE MONARCHIE)

WEIL NOCH DER SONNEN GOLD mit allen Strahlen weichet
dem ungemeinen Glantz auf deinem schönen Haar.
Weil noch vor deiner Stirn der Liljen Silber-Schaar
in blasser Furcht und Scham die weissen Segel streichet.

Weil noch das Sähnen nach den Nelcken sich nicht gleichet
der brünstigen Begier nach deiner Lippen Paar.
Ja weil dem Halse noch des Marmors blancke Wahr
mit allem Schimmer nicht einmahl das Wasser reichet/

laß Haare/Halß und Stirn und Mund gebrauchet sein/
eh' das was in dem Lentz der Jugend war zu ehren
vor Gold/vor Lilien/vor Nelcken/Marmorstein/

sich wird in Silber-grau und braune Veilgen kehren.
Ja eh' du selbst dich mit dem Hochmuht dieses Lichts
verkehrst in Erde/Koht/Staub/Schatten/gar in Nichts.

Christian Heinrich Postel

AUF EIN PAAR SILBERPAPPELN

Ihr grünen Schwestern des verwegenen Knaben,
um dessentwillen ihr am Strand des Po
in grünen Zweigen und in Rinde roh
den zarten Fuß, das goldene Haar begraben:

pues entre las rüinas de su vuelo
sus cenizas bajar en vez de huesos,
y sus errores largamente impresos
de ardientes llamas vistes en el cielo,

acabad con mi loco pensamiento
que gobernar tal carro no presuma,
antes que lo desate por el viento

con rayos de desdén la beldad suma,
y las reliquias de su atrevimiento
esconda el desengaño en poca espuma.

DE: SOLEDAD PRIMERA

Al Duque de Béjar

Pasos de un peregrino son, errante,
cuantos me dictó versos dulce musa,
      en soledad confusa
perdidos unos, otros inspirados.
¡O tú que, de venablos impedido,
muros de abeto, almenas de diamante,
bates los montes que de nieve armados,
gigantes de cristal los teme el cielo,
donde el cuerno, del eco repetido,
fieras te expone que, al teñido suelo,
muertas, pidiendo términos disformes
espumoso coral le dan al Tormes!:

so wahr ihr saht im Absturz seiner Bahn
kein Knöchlein mehr, nur seine Asche fallen,
und riesig eingeprägt den Himmelshallen
in lodernd heißen Lettern seinen Wahn –

befreit mich von dem Irrsinn, der da denkt,
dass ihm die Fahrt im Wagen besser glückte,
bevor die reinste Schönheit ihn zersprengt

mit Blitzen der Verachtung hoch im Raum,
und seiner Frechheit traurige Relikte
Enttäuschung auflöst in ein wenig Schaum.

Martin von Koppenfels

AUS: ERSTE EINSAMKEIT

Dem Herzog von Béjar

Schritte eines Wandrers sind es in der Irre,
was geflüstert mir die Muse süß an Versen
in der Einsamkeiten Nebel,
blind die einen und die anderen beflügelt.
Du, mit Eberspießen schwer beladen,
rundum Fichtenmauern, diamantne Zinnen,
sprengst durch Berge, die mit Schnee gerüstet
als kristallne Riesen selbst der Himmel fürchtet,
wo das Jagdhorn und sein Echo widerhallend
wilde Tiere zu dir spornt, die vom getränkten
Boden tot das Unermessliche erstreiten,
ihre Schaumkorallen in den Tormes breiten!:

arrima a un fresno el fresno, cuyo acero,
sangre sudando, en tiempo hará breve
    purpurear la nieve,
y, en cuanto da el solícito montero
al duro robre, al pino levantado,
émulos vividores de las peñas,
    las formidables señas
del oso que aun besaba, atravesado,
la asta de tu luciente jabalina,
o lo sagrado supla de la encina
lo augusto del dosel, o de la fuente
la alta zanefa lo majestüoso
del sitïal a tu deidad debido,
    ¡oh duque esclarecido!,
templa en sus ondas tu fatiga ardiente,
y entregados tus miembros al reposo
sobre el de grama césped no desnudo,
déjate un rato hallar del pie acertado
que sus errantes pasos ha votado
a la real cadena de tu escudo.
Honre süave, generoso nudo
libertad de Fortuna perseguida,
que a tu piedad, Euterpe, agradecida,
su canoro dará dulce instrumento,
cuando la Fama no su trompa, al viento.

lehn dein Eschenholz ans Eschenholz, sein Stahl,
Blut ausschwitzend wird in Augenblickes Währen
    allen Schnee in Purpur kehren,
und indes der treue Treiber deiner Jagd
an die harte Eiche, an die hohe Tanne,
wetteifernd um Lebensjahre mit dem Fels,
    den so grausen Beutepelz
jenes Bären schlägt, der noch den blanken Schaft
deines Heldenspießes küsst, von ihm durchbohrt,
und geweiht Ersatz dir sei die Eichenkrone
fürs Erhabene des Baldachins, der Quelle
hoher Ufersaum für die Hochherrlichkeit
eines Throns, für deine Majestät geboten,
    o bewundernswerter Herzog!,
lindre deiner Mattheit Glut in ihren Wellen,
strecke deine Glieder, nun zur Rast bereit,
auf der Wiesenbank, von Binsengras nicht nackt,
lass dich derweil finden von dem sichren Fuß,
dessen Schritte in der Irre widmend suchen
die so königliche Kette deines Wappens.
Und es ehre sanft und großmütig ihr Knoten
Freiheit, von Fortuna fortwährend verfolgt,
für die Gnade gibt Euterpe voller Dank
ihr sonores Instrument, so zart gestimmt,
Fama nicht ihr Horn, anheim dem Wind.

Susanne Lange

LOPE DE VEGA

(1562-1635, MONARQUÍA HISPÁNICA)

A LA NOCHE

Noche, fabricadora de embelecos,
loca, imaginativa, quimerista,
que muestras al que en ti su bien conquista
los montes llanos y los mares secos;

habitadora de cerebros huecos,
mecánica, filósofa, alquimista,
encubridora vil, lince sin vista,
espantadiza de tus mismos ecos;

la sombra, el miedo, el mal se te atribuya,
solícita, poeta, enferma, fría,
manos del bravo y pies del fugitivo;

que vele o duerma, media vida es tuya:
si velo, te lo pago con el día,
y si duermo, no siento lo que vivo.

LOPE DE VEGA

(1562–1635, SPANISCHE MONARCHIE)

AUF DIE NACHT

Du Mutter aller Schwindelkünste, Nacht:
verrückt, versponnen, wimmelnd von Chimären,
die du so manchem Schwärmer weisgemacht,
dass Meere Staub und Berge Ebenen wären;

Bewohnerin von Hirnen, die nichts taugen,
Scholastin, Alchemistin, Ränkeschmiedin,
du Hehlerin, du Argus ohne Augen,
von eignen Echos angstvoll umgetrieben;

Angst, Schatten, Sünde sind dir untergeben,
du flinke, dichterische, ungesunde,
flüchtende Schritte, Mörderhand, die bebt;

ob wach, ob schlafend, dein ist halb mein Leben:
wenn wach, so kostet's mich des Tages Stunde,
wenn schlafend, bleibt mein Leben ungelebt.

                              Martin von Koppenfels

UN SONETO ME MANDA HACER Violante,
que en mi vida me he visto en tanto aprieto,
catorce versos dicen que es soneto;
burla burlando van los tres delante.

Yo pensé que no hallara consonante,
y estoy a la mitad de otro cuarteto;
mas si me veo en el primer terceto,
no hay cosa en los cuartetos que me espante.

Por el primer terceto voy entrando,
y parece que entré con pié derecho,
pues fin con este verso le voy dando.

Ya estoy en el segundo, y aun sospecho
que voy los trece versos acabando;
contad si son catorce, y está hecho.

«KOMM, MACH MIR EIN SONETT!», befahl Jolanthe;
drauf zwängte ich mich stöhnend ins Korsett.
Von kargen vierzehn Zeilen fürs Sonett
warn drei schon weg, bevor ich mich ermannte.

Mir fehlte noch ein Reim fürs Konsonante,
da war schon halb geschrieben dies Quartett.
Am Horizont erschien mir das Terzett
nach der Zäsur, so dass ich mich entspannte.

Schon bin ich dort behände angekommen
(hab alles, scheint mir, fachgerecht gemacht) –
und diese Hürde ist im Nu genommen!

Kaum hab ich an das Schlussterzett gedacht,
ist Zeile dreizehn schon geschwind erklommen.
Zähl nach: Die vierzehn Zeilen sind vollbracht!

Michael Mertes

FRANCISCO DE QUEVEDO

(1580-1645, MONARQUÍA HISPÁNICA)

REPRESÉNTASE LA BREVEDAD DE LO QUE SE VIVE Y CUÁN NADA PARECE LO QUE SE VIVIÓ

«¡A de la vida!»… ¿Nadie me responde?
¡Aquí de los antaños que he vivido!
La Fortuna mis tiempos ha mordido;
las Horas mi locura las esconde.

¡Que sin poder saber cómo ni a dónde
la salud y la edad se hayan huido!
Falta la vida, asiste lo vivido,
y no hay calamidad que no me ronde.

Ayer se fue; mañana no ha llegado;
hoy se está yendo sin parar un punto:
soy un fue, y un será, y un es cansado.

En el hoy y mañana y ayer junto
pañales y mortaja, y he quedado
presentes sucesiones de difunto.

FRANCISCO DE QUEVEDO
(1580–1645, SPANISCHE MONARCHIE)

ER VERGEGENWÄRTIGT SICH, WIE KURZ DAS LEBEN SEI, UND WIE NICHTIG DAS GELEBTE

Heda, mein Leben! Rührt sich nichts? Nur Schweigen?
Herbei zu mir, ihr abgelebten Tage!
Das Missgeschick hat meine Zeit erschlagen;
die Stunden ließ mein Wahn ins Dunkel gleiten.

Weiß nicht zu sagen, wie, und nicht wohin
sich Leibesheil und reife Kraft verloren;
Leben lässt nach, Gelebtes drängt nach vorn,
und keine Plagen, die mich nicht umziehn.

Gestern verging; mein Morgen tagt noch nicht;
Heute treibt weiter, dauernd fortgeschoben:
Ein War bin ich, ein Wird, ein müdes Ist.

Das Heute, Morgen, Gestern dicht verwoben,
Windel zum Bahrtuch: meine Dauer misst
gleichzeitig' Nacheinander nur von Toden.

Werner von Koppenfels

DESDE LA TORRE

Retirado en la paz de estos desiertos,
con pocos pero doctos libros juntos,
vivo en conversación con los difuntos,
y escucho con mis ojos a los muertos.

Si no siempre entendidos, siempre abiertos,
o enmiendan o fecundan mis asuntos;
y en músicos callados contrapuntos
al sueño de la vida hablan despiertos.

Las grandes almas que la muerte ausenta,
de injurias de los años vengadora,
libra, ¡oh gran don Iosef!, docta la emprenta.

En fuga irrevocable huye la hora;
pero aquélla el mejor cálculo cuenta
que en la lección y estudios nos mejora.

AUS DEM TURM

Fernab der Welt in meinem Einödfrieden,
mit wenigen, weisen Büchern reich versehen,
üb ich mich, mit den Toten umzugehen,
und schauend lausche ich den Abgeschiednen.

Nicht stets begriffen zwar, geöffnet immer,
sind hilfreich sie dem eigenen Tun zu Willen,
und kontrapunktische Musik der Stillen
dringt in den Lebenstraum als wache Stimme.

Die großen, durch den Tod entrückten Seelen,
lässt, Rächerin der Zeit und ihrer Wunden,
die weise Druckkunst aus dem Grab erstehen.

In unhaltbarer Flucht jagen die Stunden;
doch jene soll allein ein Glücksstein zählen,
die überm Lesen lernend uns gefunden.

Werner von Koppenfels

AMOR CONSTANTE MÁS ALLÁ DE LA MUERTE

Cerrar podrá mis ojos la postrera
sombra que me llevare el blanco día;
y podrá desatar esta alma mía
hora a su afán ansioso lisonjera;

mas no de esta otra parte en la ribera
dejará la memoria en donde ardía:
nadar sabe mi llama la agua fría
y perder el respeto a ley severa.

Alma a quien todo un dios prisión ha sido,
venas que humor a tanto fuego han dado,
medulas que han gloriosamente ardido,

su cuerpo dejará, no su cuidado;
serán ceniza, mas tendrá sentido;
polvo serán, mas polvo enamorado.

ÜBER DEN TOD HINAUS BESTÄNDIGE LIEBE

Verschließen mag die Augen mir der letzte
Schatten, und ganz den weißen Tag verwehren,
die Seele lösen mag er in der schweren
Stunde, zur Ruhe rufend die Gehetzte:

Doch niemals, auch nicht überm Fluss des Todes,
verliert sie die Erinnerung ihrer Gluten;
zu schwimmen weiß mein Brand durch kalte Fluten,
zu spotten selbst des ehernen Gebotes.

Seele, die einen Gott gefangen hielt,
Adern, die solcher Flamme Öl geleitet,
ein Mark, vom eigenen Feuer groß erfüllt,

kann Tod vom Leben, nicht vom Lieben scheiden:
Asche zu sein, doch Asche, die noch fühlt,
Staub sein ihr Los, doch Staub, der Liebe leidet.

Werner von Koppenfels

JUAN DE TASSIS, CONDE DE VILLAMEDIANA

(1582-1622, MONARQUÍA HISPÁNICA)

PASÉ LOS GOLFOS de un sufrir perdido,
y piélagos de ofensas he surcado,
de enemigos impulsos agitado,
de poderosas olas impedido.

Hoy, pues, menos quejoso que advertido,
de esperanza las velas he animado,
y debo a mi noticia haber tomado
en mar de sinrazón puerto de olvido,

donde ya en dar benéficos alientos
a la violenta fuerza me libraron
del tiempo airado y de contrarios vientos.

Ya engañosas sirenas me dejaron,
porque la falsa voz de sus acentos
mis diamantes oídos no escucharon.

JUAN DE TASSIS, CONDE DE VILLAMEDIANA
(1582–1622, SPANISCHE MONARCHIE)

ICH HAB DIE GOLFE tiefen Leids befahren,
der Kränkung Ozeane furcht' mein Kiel,
feindliche Strömung trieb mit mir ihr Spiel
und Wellen mit bedrohlichem Gebaren.

Vom Unglück mehr gewitzigt als besessen,
hab ich der Hoffnung Segel heut gesetzt
und, durch Erfahrung klug, erreicht zuletzt
im Unrechtsmeer den Ankerplatz Vergessen,

wo segensreiche Winde mich umfingen
und vor der Wetter fürchterlichem Droh'n
und Sturmgewalt in Sicherheit mich bringen.

Auch den Sirenen bin ich jetzt entfloh'n,
denn es vernahm von ihrem falschen Singen
mein Ohr aus Diamant nicht einen Ton.

Martin von Koppenfels

DETERMINARSE y luego arrepentirse,
empezarse a atrever y acobardarse,
arder el pecho y la palabra helarse,
desengañarse y luego persuadirse;

comenzar una cosa y advertirse,
querer decir su pena y no aclararse,
en medio del aliento desmayarse,
y entre temor y miedo consumirse;

en las resoluciones, detenerse,
hallada la ocasión, no aprovecharse,
y, perdida, de cólera encenderse,

y sin saber por qué, desvanecerse;
efectos son de amor: no hay que espantarse,
que todo del amor puede creerse.

SICH ENTSCHLIESSEN, dann bereuen,
fast schon wagen, dann sich scheuen,
innen brennen, eisig reden,
sich ernüchtern, dann beflügeln,

kaum beginnen, schon sich bremsen,
Qual im Munde und nicht sprechen,
Kräfte spüren und ermüden,
zwischen Angst und Liebe siechen,

in der Tatenlust jäh stocken,
die Gelegenheit verschwenden,
dem Versäumnis zornig grollen,

und ganz grundlos kräftig schwächeln;
Schuld der Liebe: nicht erschrecken,
niemals über Liebe rätseln.

Susanne Lange

PEDRO CALDERÓN DE LA BARCA

(1600-1681, MONARQUÍA HISPÁNICA)

A LAS ESTRELLAS

Esos rasgos de luz, esas centellas
que cobran con amagos superiores
alimentos del sol en resplandores,
aquello viven que se duelen dellas.

Flores nocturnas son; aunque tan bellas,
efímeras padecen sus ardores,
pues si un día es el siglo de las flores,
una noche es la edad de las estrellas.

De esa, pues, primavera fugitiva
ya nuestro mal, ya nuestro bien se infiere;
registro es nuestro, o muera el sol o viva.

¿Qué duración habrá que el hombre espere
o qué mudanza habrá que no reciba
de astro que cada noche nace y muere?

PEDRO CALDERÓN DE LA BARCA

(1600–1681, SPANISCHE MONARCHIE)

AUF DIE STERNE

Die hellen Funken, welche dem Beschauer,
genährt von Strahlen, die der Sonn' entsprühten,
wann sie versank, des Lichtes Blick vergüten,
sie leben selbst nur eine Blumentrauer.

Nächtliche Blüten sind's: in krankem Schauer
ermattet bald der Glanz, von dem sie glühten:
Denn wenn ein Tag das Alter ist der Blüten,
ist eine Nacht der Sterne Lebensdauer.

Nach dieser Lenze schnell verwelktem Prangen
muss unser Wohl, muss unser Weh sich färben,
ob Sonnen unter- oder aufgegangen.

Was könnte dauerhaft der Mensch erwerben?
Was wandelbar von Sternen nicht empfangen,
die jede Nacht, geboren, wieder sterben?

August Wilhelm Schlegel

SOR JUANA INÉS DE LA CRUZ

(1648-1695, NUEVA ESPAÑA)

ARGUYE DE INCONSECUENTES EL GUSTO Y LA CENSURA
DE LOS HOMBRES QUE EN LAS MUJERES ACUSAN
LO QUE CAUSAN

Hombres necios que acusáis
a la mujer sin razón,
sin ver que sois la ocasión
de lo mismo que culpáis:

si con ansia sin igual
solicitáis su desdén,
¿por qué queréis que obren bien
si las incitáis al mal?

Combatís su resistencia,
y luego, con gravedad,
decís que fué liviandad
lo que hizo la diligencia.

Parecer quiere el denuedo
de vuestro parecer loco,
al niño que pone el coco
y luego le tiene miedo.

Queréis, con presunción necia,
hallar a la que buscáis,

JUANA INÉS DE LA CRUZ

(1648–1695, NEUSPANIEN)

SIE WEIST DIE INKONSEQUENZ IN DEN VORLIEBEN UND VORWÜRFEN DER MÄNNER NACH, DIE DIE FRAUEN DESSEN BEZICHTIGEN, WAS SIE SELBST VERURSACHEN

Ihr albernen Männer: wenn ihr
die Frau an den Schandpranger stellt,
so seht ihr nicht, dass ihr selber
verursacht, was euch missfällt:

In eurem maßlosen Drängen
wollt ihr noch, dass sie sich ziert?
Was kümmert euch denn ihre Tugend,
wenn ihr sie zur Sünde verführt?

Ihr zwingt ihren Widerstand nieder,
und hinterher seid ihr empört:
Da flüstert ihr streng, sie sei lüstern,
sie, die eurem Drängen willfährt!

Vergleichbar ist euer Gebaren,
so albern, so dumm, so verrückt,
dem Kind, das ein Schreckgespenst bastelt
und hinterher davor erschrickt.

Wenn ihr sie hofiert, dann wollt ihr
sie leicht und zur Liebe begabt

para pretendida, Thais,
y en la posesión, Lucrecia.

¿Qué humor puede ser más raro
que el que, falto de consejo,
él mismo empaña el espejo,
y siente que no esté claro?

Con el favor y el desdén
tenéis condición igual,
quejándoos, si os tratan mal,
burlándoos, si os quieren bien.

Opinión, ninguna gana;
pues la que más se recata,
si no os admite, es ingrata,
y si os admite, es liviana.

Siempre tan necios andáis
que, con desigual nivel,
a una culpáis por crüel
y a otra por fácil culpáis.

¿Pues cómo ha de estar templada
la que vuestro amor pretende,
si la que es ingrata, ofende,
y la que es fácil, enfada?

Mas, entre el enfado y pena
que vuestro gusto refiere,
bien haya la que no os quiere
y quejáos en hora buena.

wie Thaïs. Doch keusch wie Lucrezia
wollt ihr sie, wenn ihr sie habt.

Was könnte noch seltsamer sein
als solch verrücktes Betragen:
Er, der den Spiegel verschmiert hat,
will seine Blindheit beklagen?

Ob sie euch erhört oder wegstößt,
keine macht es euch recht;
ihr spottet, wenn sie euch lieb hat,
doch weh, sie behandelt euch schlecht!

Mag eine sich noch so sehr hüten,
sie hat daraus keinen Gewinn:
Weigert sie sich, ist sie undankbar,
doch liederlich, gibt sie sich hin.

Weil eure Dummheit kein Maß kennt,
drum messt ihr mit zweierlei:
Der Grausamkeit zeiht ihr die eine,
die andere der Hurerei.

Wie hättet ihr sie denn gerne,
die Dame, die Frau eurer Wahl,
wenn die Spröde euer Gefühl kränkt,
die Willige eure Moral?

Jenseits von Leid und Empörung
– ihr wolltet es so, meine Herren –
ist's besser, sie liebt euch gar nicht;
ihr mögt euch dann gerne beschweren.

Dan vuestras amantes penas
a sus libertades alas,
y después de hacerlas malas
las queréis hallar muy buenas.

¿Cuál mayor culpa ha tenido
en una pasión errada:
la que cae de rogada,
o el que ruega de caído?

¿O cuál es más de culpar,
aunque cualquiera mal haga:
la que peca por la paga,
o el que paga por pecar?

Pues ¿para qué os espantáis
de la culpa que tenéis?
Queredlas cual las hacéis
o hacedlas cual las buscáis.

Dejad de solicitar,
y después, con más razón,
acusaréis la afición
de la que os fuere a rogar.

Bien con muchas armas fundo
que lidia vuestra arrogancia,
pues en promesa e instancia
juntáis diablo, carne y mundo.

Sie, von eurem Liebesgejammer
beflügelt, ergibt sich der Lust;
ihr, habt ihr sie endlich verdorben,
beklagt ihrer Tugend Verlust.

Wer trägt denn die größere Schuld,
wenn sündige Leidenschaft siegt:
er, der sie drängt zu erliegen,
oder sie, die dem Drängen erliegt?

Und wer trägt die größere Schuld,
wenn man beider Vergehen vergleicht:
Sie, die fürs Sündigen Geld nimmt,
oder er, der die Rechnung begleicht?

Ihr wollt lieber nichts davon hören,
dass man euch die Schuld dafür gibt?
Dann liebt, wozu ihr sie gemacht habt,
oder macht sie zu dem, was ihr liebt.

Hört auf damit, sie zu bedrängen,
um mit mehr Recht, doch erst dann,
den Stab über jene zu brechen,
die von euch nicht ablassen kann.

Es ist eurer Dreistigkeit vieles
an Waffen zur Seite gestellt:
Ihr kämpft und ihr lockt mit den Listen
des Teufels, des Fleisches, der Welt.

Heidi König-Porstner

EN QUE DA MORAL CENSURA A UNA ROSA,
Y EN ELLA A SUS SEMEJANTES

Rosa divina que en gentil cultura
eres, con tu fragante sutileza,
magisterio purpúreo en la belleza,
enseñanza nevada a la hermosura.

Amago de la humana arquitectura,
ejemplo de la vana gentileza,
en cuyo sér unió naturaleza
la cuna alegre y triste sepultura.

¡Cuán altiva en tu pompa, presumida,
soberbia, el riesgo de morir desdeñas,
y luego desmayada y encogida

de tu caduco sér das mustias señas,
con que con docta muerte y necia vida,
viviendo engañas y muriendo enseñas!

SONETT, IN DEM SIE MORALISCH GERICHT HÄLT ÜBER EINE ROSE UND SOMIT ÜBER IHRESGLEICHEN

Rose, göttlich und in stolzer Zucht,
duftend bist du in dem zarten Kleid
purpurrotes Schulbeispiel der Schönheit,
jeder Pracht, so weiß wie Schnee, ein Muster.

Omen von des Menschen eignem Bauplan,
Muster aller leeren Herrlichkeit,
in dir schuf Natur die enge Einheit
froher Wiege neben düstrem Grab.

Hochmütig in deinem Prunk, vermessen,
scherst dich eitel nicht um strengen Tod,
doch am Ende gibst du, schlaff und welkend

sieche Zeichen hinfälligen Wesens,
weise nun im Tod, im Leben Tor,
lebst du trügend und belehrst im Sterben!

Susanne Lange

GUSTAVO ADOLFO BÉCQUER

(1836-1870, ESPAÑA)

38 (LIII)

Volverán las oscuras golondrinas
en tu balcón sus nidos a colgar,
y otra vez con el ala a sus cristales
jugando llamarán.

Pero aquellas que el vuelo refrenaban
tu hermosura y mi dicha a contemplar,
aquellas que aprendieron nuestros nombres...
esas... ¡no volverán!

Volverán las tupidas madreselvas
de tu jardín las tapias a escalar
y otra vez a la tarde aún más hermosas
sus flores se abrirán.

Pero aquellas cuajadas de rocío
cuyas gotas mirábamos temblar
y caer como lágrimas del día...
esas... ¡no volverán!

Volverán del amor en tus oídos
las palabras ardientes a sonar,
tu corazón de su profundo sueño
tal vez despertará.

GUSTAVO ADOLFO BÉCQUER

(1836–1870, SPANIEN)

38 (LIII)

Die schwarzen Schwalben werden wiederkehren,
dein Balkon wird ihre Nester wieder tragen,
und wieder werden sie mit ihren Flügeln
im Spiel ans Fenster schlagen.

Die aber, die im Fluge innehielten,
um zu betrachten deine Schönheit und mein Glück,
die unsere Namen lernten und behielten, –
die ... kehren nicht zurück!

Das dichte Geißblatt auch wird wiederkehren,
an deinen Gartenmauern üppig ranken,
und wieder werden, schöner noch am Abend,
die Blüten sich entfalten.

Die aber, die im Morgentau erglänzten,
des Silbertropfen unser beider Blick
zittern und fallen sah als Tränen eines Tages ...
die ... kehren nicht zurück!

Worte der Liebe werden wiederkehren,
flüsternd und heiß dir in dein Ohr gesprochen;
vielleicht wird dann aus seinem tiefen Schlaf
dein Herz erwachen.

Pero mudo y absorto y de rodillas,
como se adora a Dios ante su altar,
como yo te he querido... desengáñate,
nadie así te amará.

67 (LXVI)

¿De dónde vengo?... El más horrible y áspero
de los senderos busca;
Las huellas de unos pies ensangrentados
sobre la roca dura,
los despojos de un alma hecha jirones
en las zarzas agudas
te dirán el camino
que conduce a mi cuna.

¿Adónde voy? El más sombrío y triste
de los páramos cruza,
valle de eternas nieves y de eternas
melancólicas brumas.
En donde esté una piedra solitaria
sin inscripción alguna,
donde habite el olvido,
allí estará mi tumba.

So aber, wie man betet am Altar
zu Gott, auf Knien, stumm und hingegeben,
so, wie ich dich geliebt... mach dir nichts vor!
wird keiner dich mehr lieben!

Christiane Busl

67 (LXVI)

Woher ich komme?... Suche
den schroffsten, schauerlichsten Pfad:
von blutbeflecktem Fuß die Spur
auf hartem Fels;
die Überreste einer zerfetzten Seele
in den stachligen Dornenbüschen
werden dir den Weg weisen,
der an meine Wiege führt.

Wohin ich gehe? Durchwandre
die düsterste und traurigste der Einöden,
Tal des ewigen Schnees
und der ewigen schwermütigen Nebel.
Wo ein einsamer Stein steht
ohne jede Inschrift,
wo das Vergessen wohnt,
dort wird mein Grab sein.

Peter Becker

ROSALÍA DE CASTRO

(1837-1885, ESPAÑA)

UN MANSO RÍO, una vereda estrecha,
un campo solitario y un pinar,
y el viejo puente rústico y sencillo
completando tan grata soledad.

¿Qué es soledad? Para llenar el mundo
basta a veces un solo pensamiento.
Por eso hoy, hartos de belleza, encuentras
el puente, el río y el pinar desiertos.

No son nube ni flor los que enamoran;
eres tú, corazón, triste o dichoso,
ya del dolor y del placer el árbitro,
quien seca el mar y hace habitar el polo.

ROSALÍA DE CASTRO

(1837–1885, SPANIEN)

EIN SANFT STRÖMENDER FLUSS, ein schmaler Fußpfad,
ein einsames Feld und ein Pinienhain,
dazu die alte Brücke, bäurisch, einfach,
rundend solch ruhefrohes Bild der Einsamkeit.

Was heißt Einsamkeit? Um die Welt zu füllen,
genügt manchmal ein einziger Gedanke.
Darum findest du voller Schönheit heut
Brücke und Fluss und Wald, so weltverlassen.

Nicht Wolke oder Blume wecken Liebe,
Du bist es, Herz, trüb oder glücksdurchloht,
was als Herr über Leid und Lust das Meer
austrocknet und bewohnbar macht den Pol.

Fritz Vogelgsang

AÚN OTRA AMARGA GOTA en el mar sin orillas
donde lo grande pasa de prisa y lo pequeño
desaparece o se hunde, como piedra arrojada
de las aguas profundas al estancado légamo.

Vicio, pasión, o acaso enfermedad del alma,
débil a caer vuelve siempre en la tentación.
Y escribe como escriben las olas en la arena,
el viento en la laguna y en la neblina el sol.

Mas nunca nos asombra que trine o cante el ave,
ni que eterna repita sus murmullos el agua;
canta, pues, ¡oh poeta!, canta, que no eres menos
que el ave y el arroyo que armonioso se arrastra.

NOCH EINEN BITTREN TROPFEN in das Meer ohne Ufer,
wo das Große in Eile vorbeizieht und das Kleine
verschwindet oder absackt, wie ein vom tiefen Wasser
ausgespieener Kiesel, welchen der Schlick verschlingt.

Laster, Leidenschaft oder vielleicht Krankheit der Seele:
Schwach und schwankend, verfällt sie immerzu der Versuchung
und schreibt, so wie die Wellen auf die Sandfläche schreiben,
der Wind auf die Lagune, die Sonne auf den Nebel.

Doch uns wundert's ja niemals, dass der Singvogel trillert
und dass das Wasser ewig sein Murmeln wiederholt.
Sing also, Dichter, singe! Denn du bist nicht geringer
als der Vogel, das Rinnsal, das in Wohlklang verströmt.

Fritz Vogelgsang

JOSÉ MARTÍ

(1853-1895, CUBA)

CRIN HIRSUTA

Que como crin hirsuta de espantado
Caballo que en los troncos secos mira
Garras y dientes de tremendo lobo,
Mi destrozado verso se levanta…?
Sí,: pero se levanta!. —a la manera
Como cuando el puñal se hunde en el cuello
De la res, sube al cielo hilo de sangre:—
Sólo el amor engendra melodías.

JOSÉ MARTÍ

(1853–1895, KUBA)

GESTRÄUBTE MÄHNE

Der gesträubten Mähne eines Pferdes
gleich, das scheut und im verdorrten Baumstamm
Zahn und Kralle sieht des grauenvollen Wolfs,
bäumt sich mein zersprengter Vers nun auf ...?
Ja, er bäumt sich hoch empor! – ganz so,
wie die Dolchspitze, versenkt im Nacken
eines Rinds, gen Himmel schickt den Blutstrahl: –
Nur die Liebe zeugt die Melodien.

Susanne Lange

RUBÉN DARÍO

(1867-1916, NICARAGUA)

YO PERSIGO UNA FORMA que no encuentra mi estilo,
botón de pensamiento que busca ser la rosa;
se anuncia con un beso que en mis labios se posa
al abrazo imposible de la Venus de Milo.

Adornan verdes palmas el blanco peristilo;
los astros me han predicho la visión de la Diosa;
y en mi alma reposa la luz como reposa
el ave de la luna sobre un lago tranquilo.

Y no hallo sino la palabra que huye,
la iniciación melódica que de la flauta fluye
y la barca del sueño que en el espacio boga;

y bajo la ventana de mi Bella-Durmiente,
el sollozo continuo del chorro de la fuente
y el cuello del gran cisne blanco que me interroga.

RUBÉN DARÍO
(1867–1916, NICARAGUA)

ICH FOLGE EINER FORM, die meinem Stil noch fremd ist,
Gedankenknospe, die zur Rose werden will;
ein Kuss kündigt sie an, der auf die Lippen fiel,
als hielte ich im Arm das Venusstandbild selbst.

Es schmückt viel Palmengrün das weiße Peristyl;
Sterne verhießen mir die göttliche Vision;
Licht spielt auf meiner Seele, wie der weiße Mond
auf stillem Wasserglanz mit seinem Vogel spielt.

Was ich finde: nur das Wort, das vor mir flieht,
weihevolle Melodie, die aus der Flöte fließt,
die Barke, traumgewiegt, die durch den Äther gleitet;

und unterm Fenster meiner Schlafend-Schönen
den steten Brunnenstrahl mit seinen Tränenströmen,
den Hals des weißen Schwans, der fragend mich geleitet.

Werner von Koppenfels

JULIO HERRERA Y REISSIG

(1875-1910, URUGUAY)

SOLO VERDE-AMARILLO PARA FLAUTA. LLAVE DE U

> *Virgilio es amarillo*
> *y Fray Luis verde.*
>
> MANERA DE MALLARMÉ

(Andante)   Úrsula punza la boyuna yunta;
               la lujuria perfuma con su fruta
               la púbera frescura de la ruta
               por donde ondula la venusa junta.

(Piano)   Recién la hirsuta barba rubia apunta
               al dios Agricultura. La impoluta
(Pianísimo)   uña fecunda del amor, debuta
(Crescendo)   cual una duda de nupcial pregunta.

               Anuncian lluvias las adustas lunas.
               Almizcladuras, uvas, aceitunas,
(Forte)   gulas de mar, fortunas de las musas;

               hay bilis en las rudas armaduras;
(Fortísimo)   han madurado todas las verduras,
               y una burra hace hablar las cornamusas.

JULIO HERRERA Y REISSIG

(1875–1910, URUGUAY)

GRÜNGELBES SOLO FÜR LAUTE IN U-DUR

> *Vergil ist gelb*
> *und Fray Luis ist grün.*
>
> FRAY NACH MALLARMÉ

(Andante)   Ursula nutzt am Pflug des Huftiers Spur,
und wunderbar durchflutet Wollust-Duft
die pubertäre Luftigkeit der Flur,
venusisch Konjunktur liegt in der Luft.

(Piano)   Blutjunge Flusen harren der Rasur
ums Kinn des Flurengottes. Unverschmutzt
(Pianissimo) und fruchtbar lugt die Lust hervor und stutzt,
(Crescendo) bräutlicher Zukunft bloße Konjektur.

Die dunkle Luna tut uns Sturmwind kund.
Muskat, Holunder, Gurke und Rapunzeln,
(Forte)   der Musen Huld, der dunkle Meeresschlund;

In plumpen Armaturen haust ein Murren,
(Fortissimo) gereifte Frucht sieht man im Humus schmunzeln,
ein graues Nutztier lässt die Luren gurren.

Martin von Koppenfels

DELMIRA AGUSTINI

(1886-1914, URUGUAY)

FUE AL PASAR

Yo creí que tus ojos anegaban esl mundo...
Abiertos como bocas en clamor... Tan dolientes
Que un corazón partido en dos trozos ardientes
Parecieron... Fluían de tu rostro profundo

Como dos manantiales graves y venenosos...
Fraguas a fuego y sombra tus pupilas!... tan hondas
Que no sé desde dónde me miraban, redondas
Y oscuras como mundos lontanos y medrosos.

¡Ah, tus ojos tristísimos como dos galerías
Abiertas al Poniente!... Y las sendas sombrías
De tus ojeras donde reconocí mis rastros!...

Yo envolví en un gran gesto mi horror como en un velo,
Y me alejé creyendo que cuajaba en el cielo
La medianoche húmeda de tu mirar sin astros!

DELMIRA AGUSTINI

(1886–1914, URUGUAY)

IM VORÜBERGEHEN

Ich glaubte, deine Augen überfluteten die Welt ...
Aufgerissen, Münder wie zum Schrei ... So leidend
wie ein Herz, geborsten in zwei glühend heiße Teile,
so waren sie ... Und tief aus dem Gesicht, so ernst

und voller Gift, ergossen sie sich wie zwei Quellen ...
Feuerschmiede, Schatten, die Pupillen! ... Abgrund,
klaftertief, dass ich nicht weiß, woher sie blicken, rund
und dunkel wie zwei Welten, ferne und verschreckte.

Ach, deine Augen, schwermütig wie zwei Altane,
dem Westen zugewandt! ... Und dann die düsteren Pfade
der Ringe ringsherum mit Spuren meiner Schritte! ...

Den Schrecken hüllte ich in eine große Fratze,
ich ging, und hoch am Himmel, war mir, da gerann
die feuchte Mitternacht von deinem sternenlosen Blicken!

Susanne Lange

ANTONIO MACHADO

(1875-1939, ESPAÑA)

LXXIV

Tarde tranquila, casi
con placidez de alma,
para ser joven, para haberlo sido
cuando Dios quiso, para
tener algunas alegrías… lejos,
y poder dulcemente recordarlas.

XXIX

Caminante, son tus huellas
el camino, y nada más;
caminante, no hay camino,
se hace camino al andar.
Al andar se hace camino,
y al volver la vista atrás
se ve la senda que nunca
se ha de volver a pisar.
Caminante, no hay camino,
sino estelas en la mar.

ANTONIO MACHADO

(1875–1939, SPANIEN)

LXXIV

Stiller Abend, beinah
seelenruhig und gut,
um jung zu sein oder auch jung gewesen,
als es Gott gefiel, dazu
ein paar Glücksmomente … lang vergangen,
die man zärtlich ins Gedächtnis ruft.

Martin von Koppenfels

XXIX

Wanderer, du setzt den Fuß
und die Spur wird dir zum Weg;
Wanderer, kein Weg ist da,
Wege wachsen unterwegs.
Unterwegs erwachsen Wege
und der Blick zurück trifft nur
auf den Pfad, den man niemals
mehr ein zweites Mal begeht.
Wanderer, kein Weg ist da,
nur die Spur des Kiels im Meer.

Susanne Lange

JUAN RAMÓN JIMÉNEZ
(1881-1958, ESPAÑA)

EL RECUERDO SE VA

El recuerdo se va
por mi memoria larga, removiendo
con finos pies las hojas secas.

—Detrás, la casa está vacía.
Delante, carreteras
que llevan a otras partes, solas,
yertas.
Y la lluvia que llora ojos y ojos,
cual si la hora eterna se quedase ciega.

Aunque la casa está muda y cerrada,
yo, aunque no estoy en ella, estoy en ella.
Y... ¡adiós, tú, que caminas
sin volver la cabeza!

JUAN RAMÓN JIMÉNEZ
(1881–1958, SPANIEN)

DIE ERINNERUNG BRICHT AUF

verlässt
mein langes Gedächtnis, verwirbelt
auf filigranem Fuß sein Laub.

Dort hinten – das Haus steht leer.
Davor die Straßen
ins Nirgendwo, vereinsamt,
starr.
Und der Regen, Aug um Aug, weint
die Todesstunde blind.

Das Haus ist zugesperrt und stumm,
ich bin und bin doch nicht in ihm.
Und ja … dir, der du gehst,
ohne zurückzublicken, ein Adieu!

José F. A. Oliver

JOSÉ JUAN TABLADA
(1871-1945, MÉXICO)

PECES VOLADORES

Al golpe del oro solar
estalla en astillas el vidrio del mar.

JOSÉ JUAN TABLADA
(1871–1945, MEXIKO)

FLIEGENDE FISCHE

Zum Schlag des Sonnengoldzitterns
zerbirst das Meeresglas in Splitter.

Nico Bleutge

RAMÓN LÓPEZ VELARDE

(1888-1921, MÉXICO)

HORMIGAS

A la cálida vida que transcurre canora
con garbo de mujer sin letras ni antifaces,
a la invicta belleza que salva y que enamora,
responde, en la embriaguez de la encantada hora,
un encono de hormigas en mis venas voraces.

Fustigan el desmán del perenne hormigueo
el pozo del silencio y el enjambre del ruido,
la harina rebanada como doble trofeo
en los fértiles bustos, el Infierno en que creo,
el estertor final y el preludio del nido.

Mas luego mis hormigas me negarán su abrazo
y han de huir de mis pobres y trabajados dedos
cual se olvida en la arena un gélido bagazo;
y tu boca, que es cifra de eróticos denuedos,
tu boca, que es mi rúbrica, mi manjar y mi adorno,
tu boca, en que la lengua vibra asomada al mundo
como réproba llama saliéndose de un horno,
en una turbia fecha de cierzo gemebundo
en que ronde la luna porque robarte quiera,
ha de oler a sudario y a hierba machacada,
a droga y a responso, a pabilo y a cera.

RAMÓN LÓPEZ VELARDE

(1888–1921, MEXIKO)

AMEISEN

Dem warmen Leben mit den hellen Klängen
mit femininem Reiz, von Bildung frei und Masken,
der Schönheit, unbesiegt, die rettet und entflammt,
trotzt in verwunschener Stunden Rausch ein Schwären
von Ameisen in meinen nimmersatten Adern.

Gegeißelt wird das stete Ameisengewimmel
vom Schacht des Schweigens und vom Schwarm der Laute,
vom Mehl, als doppelte Trophäe abgeschnitten
an Büsten, fruchtbaren, von meinem Höllenglauben,
vom letzten Röcheln, vom Präludium des Nistens.

Doch dann verweigern meine Ameisen mir das Umarmen,
entfliehen meinen elenden, verschlissenen Fingern
wie längst erkaltete, im Sand vergessene Bagassen,
dein Mund, der Inbegriff des so erotisch Ungenierten,
dein Mund, mein Zeichen, meine Zierde, meine Speise,
dein Mund, aus dem heraus die Zunge züngelt in die Welt,
verworfene Flamme, die aus einem Ofen weicht,
wird eines trüben Tages, wenn der Wind aus Norden ächzt,
und wenn der Mond umherstreift, weil er dich entführen mag,
nach Leichentuch und kleingestampften Kräutern riechen,
nach Rauschgift, Responsorium, nach Docht und Wachs.

Antes de que deserten mis hormigas, Amada,
déjalas caminar camino de tu boca
a que apuren los viáticos del sanguinario fruto
que desde sarracenos oasis me provoca.

Antes de que tus labios mueran, para mi luto,
dámelos en el crítico umbral del cementerio
como perfume y pan y tósigo y cauterio.

Ehe meine Ameisen, Geliebte, desertieren,
lass sie ihrer Wege ziehen unterwegs zu deinem Mund,
sie als Proviant die blutdürstige Frucht aussaugen,
die in meiner maurischen Oase mich versucht.

Ehe deine Lippen sterben, ganz zu meiner Trauer,
gib sie mir hier an des Friedhofs heikler Schwelle,
gib mir ihren Duft, ihr Brot, ihr Gift und ihren Kauter.

Petra Strien

ALFONSINA STORNI

(1892-1938, ARGENTINA)

PALABRAS DEGOLLADAS

Palabras degolladas,
caídas de mis labios
sin nacer;
estranguladas vírgenes
sin sol posible;
pesadas de deseos,
henchidas…

Deformadoras de mi boca
en el impulso de asomar
y el pozo del vacío
al caer…
Desnatadoras de mi miel celeste,
apretada en vosotras
en coronas floridas.

Desangrada en vosotras
—no nacidas—
redes del más aquí y el más allá,
media lunas,
peces descamados,
pájaros sin alas,
serpientes desvertebradas…

No perdones,
corazón.

ALFONSINA STORNI

(1892–1938, ARGENTINIEN)

ENTHAUPTETE WORTE

Enthauptete Worte,
gefallen von meinen Lippen
– ungeboren;
erwürgte Jungfrauen
ohne mögliche Sonne;
schwer von Wünschen
angeschwollen …

Entsteller meines Mundes
im Auftrieb des Hervordringens
und ein Schacht von Leere
beim Fallen …
Schaumlöffel meines hellblauen Honigs,
zusammengedrängt in euch,
in Kronen aus Blumen.

Ausgeblutet in euch
– Ungeborene –
Schlingen hier und dort,
Halbmonde,
Fisch ohne Schuppen,
Vögel ohne Flügel,
Schlangen ohne Rückgrat …

Vergib nicht,
Herz.

Martina Kieninger

CÉSAR VALLEJO

(1892-1938, PERÚ)

XXI

En un auto arteriado de círculos viciosos,
torna diciembre qué cambiado,
con su oro en desgracia. Quién le viera:
diciembre con sus 31 pieles rotas,
                              el pobre diablo.

Yo le recuerdo. Hubimos de esplendor,
bocas ensortijadas de mal engreimiento,
todas arrastrando recelos infinitos.
Cómo no voy a recordarle
al magro señor Doce.

Yo le recuerdo. Y hoy diciembre torna
qué cambiado, el aliento a infortunio,
helado, moqueando humillación.

Y a la ternurosa avestruz
como que la ha querido, como que la ha adorado.
Pero ella se ha calzado todas sus diferencias.

CÉSAR VALLEJO

(1892–1938, PERU)

XXI

In einem von Teufelskreisen geäderten Auto
fährt Dezember wieder vor, und wie verändert,
all sein Gold in Ungunst. Was für ein Anblick:
Dezember mit seinen 31 löchrigen Häuten,
der arme Teufel.

Ich seh ihn noch vor mir. Wir hatten was von Herrlichkeit,
Münder, gekräuselt vom üblen Dünkel,
alle mit unendlich Argwohn im Schlepp.
Klar kann ich mich erinnern
an den hageren Herrn Zwölf.

Ich kann mich an ihn erinnern. Und heut fährt Dezember
wieder vor
und wie verändert, mit Unglücks-Fahne,
durchgefroren, Erniedrigung rotzend.

Und die zarthafte Straußenhenne
als ob er sie geliebt hat, als ob angehimmelt!
Aber sie ist jetzt gestiefelt mit all ihren Unterschieden.

Martin von Koppenfels

VICENTE HUIDOBRO

(1893-1948, CHILE)

ARTE POÉTICA

Que el verso sea como una llave
Que abra mil puertas.
Una hoja cae; algo pasa volando;
Cuanto miren los ojos creado sea,
Y el alma del oyente quede temblando.

Inventa mundos nuevos y cuida tu palabra;
El adjetivo, cuando no da vida, mata.

Estamos en el ciclo de los nervios.
El músculo cuelga,
Como recuerdo, en los museos;
Mas no por eso tenemos menos fuerza:
El vigor verdadero
Reside en la cabeza.

Por qué cantáis la rosa, ¡oh Poetas!
Hacedla florecer en el poema;
Sólo para nosotros
Viven todas las cosas bajo el Sol.

El Poeta es un pequeño Dios.

ARTE POÉTICA

Der Vers sei wie ein Schlüssel,
der tausend Tore öffnet.
Ein Blatt fällt; es fliegt etwas vorbei;
es werde erschaffen, was immer die Augen sehen,
und die Seele des Hörers bebe.

Erfinde neue Welten und achte auf dein Wort;
das Adjektiv, wenn es kein Leben schenkt, tötet.

Wir sind im Kreislauf der Nerven.
Der Muskel hängt
wie ein Andenken in den Museen;
doch deshalb sind wir nicht minder mächtig:
die wahre Stärke
lebt im Kopf.

Warum besingt ihr Dichter die Rose.
Lasst sie im Gedicht erblühen;
alle Dinge unter der Sonne
leben allein für uns.

Der Dichter ist ein kleiner Gott.

Mario Markus

PABLO NERUDA

(1904-1973, CHILE)

ANIMAL DE LUZ

Soy en este sin fin sin soledad
un animal de luz acorralado
por sus errores y por su follaje:
ancha es la selva: aquí mis semejantes
pululan, retroceden o trafican,
mientras yo me retiro acompañado
por la escolta que el tiempo determina:
olas del mar, estrellas de la noche.

Es poco, es ancho, es escaso y es todo.
De tanto ver mis ojos otros ojos
y mi boca de tanto ser besada,
de haber tragado el humo
de aquellos trenes desaparecidos,
las viejas estaciones despiadadas
y el polvo de incesantes librerías,
el hombre yo, el mortal, se fatigó
de ojos, de besos, de humo, de caminos,
de libros más espesos que la tierra.

Y hoy en el fondo del bosque perdido
oye el rumor del enemigo y huye
no de los otros sino de sí mismo,
de la conversación interminable,

PABLO NERUDA

(1904–1973, CHILE)

TIER AUS LICHT

Ich bin in diesem End- und Einsamlosen
ein Tier aus Licht, getrieben in die Enge
von seinen Fehlern und von seinem Laub:
weit ist der Urwald: meinesgleichen
wimmelt hier, weicht oder handelt,
doch ich ziehe mich zurück, geleitet
von der Eskorte, die die Zeit mir zuweist:
Wellen des Meers, Sterne der Nacht.

Es ist wenig, ist weit, ist knapp, ist alles.
So oft sahen meine Augen andere Augen,
und mein Mund fand sich so oft geküsst,
so oft hab ich den Rauch geschluckt
von jenen Zügen, die entschwanden,
die alten Bahnhöfe nun unbarmherzig,
und den Staub fortwährender Bücherstuben,
dass der Mensch, das sterbliche Ich, müde wurde
der Augen, der Küsse, des Rauchs, der Strecken,
der Bücher, dichter als die Erde.

Und heute tief verirrt im Wald
hört es das Nahen des Feindes und flieht
nicht vor den anderen, vor sich selbst,
vor der endlosen Unterhaltung,

del coro que cantaba con nosotros
y del significado de la vida.

Porque una vez, porque una voz, porque una
sílaba o el transcurso de un silencio
o el sonido insepulto de la ola
me dejan frente a la verdad,
y no hay nada más que descifrar,
ni nada más que hablar: eso era todo:
se cerraron las puertas de la selva,
circula el sol abriendo los follajes,
sube la luna como fruta blanca
y el hombre se acomoda a su destino.

dem Chor, der mit uns sang,
und dem Sinn des Lebens.

Denn ein Hang, denn ein Klang der Stimme, eine
Silbe oder das Verstreichen eines Schweigens
oder das unbegrabene Rauschen der Welle
stellen mich vor die Wahrheit,
und mehr gibt es nicht zu entziffern,
und nichts mehr zu reden: das war alles:
es schlossen sich die Tore des Urwalds,
die Sonne kreist und öffnet das Laub,
der Mond steigt empor wie eine weiße Frucht
und der Mensch stellt sich ein auf sein Schicksal.

Susanne Lange

GILBERTO OWEN

(1904-1952, MÉXICO)

ES YA EL CIELO

Es ya el cielo. O la noche. O el mar que me reclama
con la voz de mis ríos aún temblando en su trueno,
sus mármoles yacentes hechos carne en la arena,
y el hombre de la luna con la foca del circo,
y vicios de mejillas pintadas en los puertos,
y el horizonte tierno, siempre niño y eterno.
Si he de vivir, que sea sin timón y en delirio.

GILBERTO OWEN
(1904–1952, MEXIKO)

SCHON HIMMEL

Schon Himmel. Oder Nacht. Oder Meer, das mich mahnt
mit der Stimme meiner Flüsse, die nachbebt im Donner,
seine marmornen Adern zu Fleisch geworden im Sand,
und der Mann im Mond mit dem Zirkus-Seelöwen,
und Laster, auf Wangen geschminkt in den Häfen,
und zart der Horizont, seit je und ewig ein Kind.
Wenn ich schon leben soll, dann ruderlos, im Taumel.

Christian Filips

JUAN L. ORTIZ

(1896-1978, ARGENTINA)

HAY ENTRE LOS ÁRBOLES una dicha pálida,
final, apenas verde, que es un pensamiento
ya, pensamiento fluido de los árboles,
luz pensada por éstos en el anochecer?

Imágenes oscuras, los pájaros, vacilan
y quiebran, al fin, tímidas frases entre las hojas:
la pura voz delgada de ese pensamiento
que quiere concretarse porque empieza a sufrir.

¿Sufrir por qué? Alado, tiembla hacia las nubes,
miedoso de perderse, de morir, a pesar
de la gravitación ya sensible de algunas
estrellas, y del llamado espectral de las flores.

JUAN L. ORTIZ
(1896–1978, ARGENTINIEN)

ZWISCHEN DEN BÄUMEN ein blasses, letztes Glück,
noch kaum ergrünt, und ein Gedanke
schon, flüssiger Gedanke der Bäume,
von ihnen erdachtes Licht in der Dämmerung?

Dunkle Bilder, die Vögel, es taumeln
und brechen endlich schüchterne Sätze aus dem Laub:
die reine, dünne Stimme dieses Gedankens,
der sich kristallisieren will, weil er beginnt zu leiden.

Leiden warum? Mit Flügeln zittert er den Wolken entgegen,
voll Angst zu verschwinden, zu sterben, trotz
der bereits spürbaren Gravitation einiger
Sterne und des gespenstischen Aufrufs der Blumen.

Harald Bronstering, Monika Lübcke

FEDERICO GARCÍA LORCA

(1898-1936, ESPAÑA)

CASIDA DE LAS PALOMAS OSCURAS

A Claudio Guillén

Por las ramas del laurel
vi dos palomas oscuras.
La una era el Sol,
la otra la Luna.
«Vecinitas», les dije,
«¿dónde está mi sepultura?»
«En mi cola», dijo el Sol.
«En mi garganta», dijo la Luna.
Y yo que estaba caminando
con la tierra por la cintura
vi dos águilas de nieve
y una muchacha desnuda.
La una era la otra
y la muchacha era ninguna.
«Aguilitas», les dije,
«¿dónde está mi sepultura?»
«En mi cola», dijo el Sol.
«En mi garganta», dijo la Luna.
Por las ramas del laurel
vi dos palomas desnudas.
La una era la otra
y las dos eran ninguna.

FEDERICO GARCÍA LORCA

(1898–1936, SPANIEN)

KASSIDE VON DEN DUNKLEN TAUBEN

Für Claudio Guillén

Im Geäst des Lorbeerbaums
sah ich zwei dunkle Tauben.
Die eine war die Sonne,
die andre war der Mond.
«Meine Lieben» fragt ich sie,
«sagt, wo bin ich denn begraben?»
«Auf meinem Schwanz», sprach die Sonne.
«In meiner Kehle», sprach der Mond.
Als ich so des Weges kam
mit der Erde um die Lenden,
sah ich zwei Adler weiß wie Schnee
und ein Mädchen nackt und bloß.
Und der andere war der eine
und das Mädchen, die war keine.
«Liebe Adler», fragt ich sie,
«sagt, wo bin ich denn begraben?»
«Auf meinem Schwanz», sprach die Sonne.
«In meiner Kehle», sprach der Mond.
Im Geäst des Lorbeerbaums
sah ich zwei nackte Tauben.
Und die andre war die eine
und die beiden waren keine.

Martin von Koppenfels

MIGUEL HERNÁNDEZ

(1910-1942, ESPAÑA)

NANAS DE LA CEBOLLA

La cebolla es escarcha
cerrada y pobre:
escarcha de tus días
y de mis noches.
Hambre y cebolla:
hielo negro y escarcha
grande y redonda.

En la cuna del hambre
mi niño estaba.
Con sangre de cebolla
se amamantaba.
Pero tu sangre,
escarchada de azúcar,
cebolla y hambre.

Una mujer morena
resuelta en luna
se derrama hilo a hilo
sobre la cuna.
Ríete, niño,
que te tragas la luna
cuando es preciso.

MIGUEL HERNÁNDEZ

(1910–1942, SPANIEN)

WIEGENLIEDER DER ZWIEBEL

Die Zwiebel ist Rauhreif,
verschlossen und arm.
Rauhreif deiner Tage
und meiner Nacht.
Zwiebel und Hunger,
schwarzes Eis und Rauhreif
so groß und rund.

In der Wiege des Hungers
lag mein Kind,
mit dem Blut
der Zwiebel gestillt.
Doch dein Blut
ist bereift von Zucker,
Zwiebel und Hunger.

Eine dunkle Frau
will zum Mond zerfließen,
verströmt Rinnsal um Rinnsal
über der Wiege.
Lache, mein Sohn,
kannst den Mond ja trinken
in deiner Not.

Alondra de mi casa,
ríete mucho.
Es tu risa en los ojos
la luz del mundo.
Ríete tanto
que en el alma, al oírte,
bata el espacio.

Tu risa me hace libre,
me pone alas.
Soledades me quita,
cárcel me arranca.
Boca que vuela,
corazón que en tus labios
relampaguea.

Es tu risa la espada
más victoriosa,
vencedor de las flores
y las alondras.
Rival del sol.
Porvenir de mis huesos
y de mi amor.

La carne aleteante,
súbito el párpado,
y el niño como nunca
coloreado.
¡Cuánto jilguero
se remonta, aletea,
desde tu cuerpo!

Lerche meines Hauses,
lach du nur viel.
Das Lachen deiner Augen
gibt der Welt Licht.
Lache so viel,
dass in der Seele, wenn sie dich hört,
der Raum mitschwingt.

Dein Lachen befreit,
verleiht mir Flügel,
nimmt mir die Einsamkeit,
reißt mich aus dem Kerker.
Ein Mund, der fliegt,
das Herz auf deinen Lippen
leuchtet, ein Blitz.

Dein Lachen ist
das siegreichste Schwert,
übertrifft die Blumen
und auch die Lerchen.
Du Sonnen-Rivale,
Zukunft meiner Gebeine
und meiner Liebe.

Fleisches Flügelschlag,
rasches Wimpern-Zucken,
Leben, wie es noch nie war,
so im Bunten.
Wieviel Distelfink
hebt sich da, steigt auf
aus deinem Leib, beschwingt!

Desperté de ser niño:
nunca despiertes.
Triste llevo la boca.
Ríete siempre.
Siempre en la cuna,
defendiendo la risa
pluma por pluma.

Ser de vuelo tan alto,
tan extendido,
que tu carne parece
cielo cernido.
¡Si yo pudiera
remontarme al origen
de tu carrera!

Al octavo mes ríes
con cinco azahares,
con cinco diminutas
ferocidades.
Con cinco dientes
como cinco jazmines
adolescentes.

Frontera de los besos
serán mañana,
cuando en la dentadura
sientas un arma.
Sientas un fuego
correr dientes abajo
hincando el centro.

Bin erwacht aus der Kindheit:
du sollst nie erwachen.
Trauer trage ich im Mund:
du sollst immer lachen!
In der Wiege stets
schütze dein Lachen,
Feder für Feder.

So hoch dein Flug,
so in die Weite,
Himmels Läuterung
ist uns dein Fleisch.
Könnt ich nur dahin
wieder zurück, wo
dein Weg beginnt.

Im achten Monat lachst du
mit fünf Orangenblüten,
mit fünf kleinwinzigen
Brutalitäten.
Mit deinen fünf Zähnen
wie mit fünf
halbwüchsigen Jasminen.

Grenze für Küsse
sind sie dann morgen,
spürst sie im Beißen
wie eine Waffe.
Spürst eine Hitze
zahnabwärts fließen
zum Biss in die Mitte.

Vuela niño en la doble
luna del pecho:
él, triste de cebolla,
tú, satisfecho.
No te derrumbes.
No sepas lo que pasa
ni lo que ocurre.

Flieg, mein Kind, an den zwei
Monden der Brüste:
sie, in Zwiebel-Traurigkeit,
du, wohlgerüstet.
Damit dich nichts bedrückt,
erfahr nicht, was geschieht,
noch, was da wird.

Werner von Koppenfels

LUIS CERNUDA

(1902-1963, ESPAÑA)

DONDE HABITE EL OLVIDO,
En los vastos jardines sin aurora;
Donde yo sólo sea
Memoria de una piedra sepultada entre ortigas
Sobre la cual el viento escapa a sus insomnios.

Donde mi nombre deje
Al cuerpo que designa en brazos de los siglos,
Donde el deseo no exista.

En esa gran región donde el amor, ángel terrible,
No esconda como acero
En mi pecho su ala,
Sonriendo lleno de gracia aérea mientras crece el tormento.

Allí donde termine este afán que exige un dueño
                a imagen suya,
Sometiendo a otra vida su vida,
Sin más horizonte que otros ojos frente a frente.

Donde penas y dichas no sean más que nombres,
Cielo y tierra nativos en torno de un recuerdo;
Donde al fin quede libre sin saberlo yo mismo,
Disuelto en niebla, ausencia,
Ausencia leve como carne de niño.

Allá, allá lejos;
Donde habite el olvido.

LUIS CERNUDA

(1902–1963, SPANIEN)

WO DAS VERGESSEN WOHNT,
in weiten Gärten ohne Morgenröte;
wo ich nichts bin
als das Gedächtnis eines Steins, begraben unter Brennnesseln,
über dem der Wind flieht vor seiner Schlaflosigkeit.

Wo mein Name den Körper,
den er benennt, zurücklässt in den Armen der Jahrhunderte,
wo das Verlangen nicht existiert.

Auf diesem weiten Feld, wo die Liebe, schrecklicher Engel,
in meiner Brust ihre Schwinge
nicht wie ein Schwert verbirgt,
mit luftiger Anmut lächelnd unter wachsender Qual.

Dort, wo die Sehnsucht endet, die einen Herrn nach eignem
        Bild begehrt
ihr Leben einem andern unterwirft,
als einzigen Horizont die Augen gegenüber.

Wo Leid und Glück nichts sind als Worte,
Himmel und Erde, rings um ein Erinnern heimisch;
wo ich endlich frei bin, ohne es zu wissen,
aufgelöst in Nebel, Fortsein,
ein Fortsein, leicht wie Kinderleiber.

Dort, dort in der Ferne;
wo das Vergessen wohnt.

Susanne Lange

JAIME GIL DE BIEDMA

(1929-1990, ESPAÑA)

DE VITA BEATA

En un viejo país ineficiente,
algo así como España entre dos guerras
civiles, en un pueblo junto al mar,
poseer una casa y poca hacienda
y memoria ninguna. No leer,
no sufrir, no escribir, no pagar cuentas,
y vivir como un noble arruinado
entre las ruinas de mi inteligencia.

JAIME GIL DE BIEDMA

(1929–1990, SPANIEN)

DE VITA BEATA

In einem alten, schlecht regierten Land,
etwa wie Spanien zwischen zwei Bürgerkriegen,
in einem Dorf am Meer
ein Haus besitzen, etwas Grund und Boden
und keinerlei Gedächtnis. Weder lesen,
noch leiden, schreiben oder Rechnungen bezahlen,
und hausen wie ein ruinierter Edelmann
in den Ruinen meines Denkvermögens.

Martin von Koppenfels

JOSÉ LEZAMA LIMA
(1910-1976, CUBA)

PEZ NOCTURNO

La oscura lucha con el pez concluye;
su boca finge de la noche orilla.
Las escamas enciende, sólo brilla
aquella plata que de pronto huye.

Hojosa plata la noche reconstruye
sus agallas, caverna de luz amarilla
en coágulos de fango se zambulle.
Frío el ojo del pez nos maravilla.

Un temblor y la mirada extiende
su podredumbre, lo que comprende
ligera aísla de lo que acapara.

Aquel fanal se pierde y se persigue.
La espuma de su sueño no consigue
reconstruir la línea que saltara.

JOSÉ LEZAMA LIMA
(1910–1976, KUBA)

NACHTFISCH

Der dunkle Zweikampf mit dem Fisch schließt nun;
sein Mund täuscht vor der Nacht Gestade.
Er hat entfacht die Schuppen und nichts strahlt
als jenes Silber, das sich wendet jäh zur Flucht.

Die Nacht, ein blättrig Silber, sie erneuert
die Kiemen, diese Höhle gelben Glanzes
taucht ein in die Gerinnsel aus Morast.
Das Auge, kalt, des Fischs, uns nicht geheuer.

Ein Beben und der Blick lässt wandern
seine Fäulnis, das, was er umfasst
trennt er im Nu von dem, was er da rafft.

Das Leuchtfeuer entschwindet und bleibt Ziel.
Der Gischt auf seinem Traum gelingt es nicht
die Linie neu zu bilden, über die er sprang.

Susanne Lange

OCTAVIO PAZ

(1914-1998, MÉXICO)

SILENCIO

Así como del fondo de la música
brota una nota
que mientras vibra crece y se adelgaza
hasta que en otra música enmudece,
brota del fondo del silencio
otro silencio, aguda torre, espada,
y sube y crece y nos suspende
y mientras sube caen
recuerdos, esperanzas,
las pequeñas mentiras y las grandes,
y queremos gritar y en la garganta
se desvanece el grito:
desembocamos al silencio
en donde los silencios enmudecen.

OCTAVIO PAZ

(1914–1998, MEXIKO)

STILLE

Wie aus den Tiefen der Musik
ein Ton entspringt
der schwingend wächst und schlanker wird
bis er in anderer Musik verstummt,
entspringt aus den Tiefen der Stille
eine andere Stille, ein spitzer Turm, ein Schwert,
steigt auf und wächst und schlägt uns in Bann
und während sie aufsteigt, fallen
Erinnerungen, Hoffnungen,
die kleinen Lügen und die großen,
und wir wollen schreien und in der Kehle
erstickt der Schrei:
wir münden in die Stille
wo alle Stille verstummt.

Johanna von Koppenfels

NICANOR PARRA

(1914-2018, CHILE)

RITOS

Cada vez que regreso
A mi país
            después de un viaje largo
Lo primero que hago
Es preguntar por los que se murieron:
Todo hombre es un héroe
Por el sencillo hecho de morir
Y los héroes son nuestros maestros.

Y en segundo lugar
                por los heridos.

Sólo después
            no antes de cumplir
Este pequeño rito funerario
Me considero con derecho a la vida:
Cierro los ojos para ver mejor
Y canto con rencor
Una canción de comienzos de siglo.

NICANOR PARRA

(1914–2018, CHILE)

RITUALE

Kehre ich zurück
In mein Land
          nach einer langen Reise
Frage ich als Erstes
Nach den Verstorbenen:
Jeder Mensch ist ein Held
Allein weil er stirbt
Und die Helden sind unsere Meister.

Als Zweites
          nach den Verwundeten.

Erst danach
          nicht vor Abschluss
Dieses kleinen Trauerrituals
Habe ich ein Recht auf das Leben:
Um besser zu sehen, schließe ich die Augen
Und singe voller Groll
Ein Lied vom Anfang des Jahrhunderts.

Thomas Brovot

IDEA VILARIÑO

(1920-2009, URUGUAY)

PARAÍSO PERDIDO

Lejano infancia paraíso cielo
oh seguro seguro paraíso.
Quiero pedir que no y volver. No quiero
oh no quiero no quiero madre mía
no quiero ya no quiero no este mundo.
Harta es la luz con mano de tristeza
harta la sucia sucia luz vestida
hartas la voz la boca la catada
y regustada inercia de la forma.
Si no da para el día si el cansancio
si la esperanza triturada y la alta
pesadumbre no dan para la vida
si el tiempo arrastra muerto de un costado
si todo para arder para sumirse
para dejar la voz temblando estarse
el cuerpo destinado la mirada
golpeada el nombre herido rindan cuentas.
No quiero ya no quiero hacer señales
mover la mano no ni la mirada
ni el corazón. No quiero ya no quiero
la sucia sucia sucia luz del día.
Lejano infancia paraíso cielo
oh seguro seguro paraíso.

IDEA VILARIÑO

(1920–2009, URUGUAY)

VERLORENES PARADIES

Fernab Kindheit Paradies Himmel
o sicheres sicheres Paradies.
Ich will nicht bitte will zurück. Will nicht
o will nicht nein will nicht du lieber Himmel
will nicht mehr nein will nicht diese Welt.
Leid ist's das Licht mit Händen voller Trauer
leid das schmutzige schmutzige Licht im Kleid
leid sind es Stimme Mund die abgeschmeckte
nachgeschmeckte Lethargie der Form.
Wenn's für den Tag nicht reicht wenn Müdigkeit
wenn die zermahlene Hoffnung und der hohe
Kummer nicht mehr reichen für das Leben
wenn die Zeit schon breitseits Tote mitschleift
wenn alles nur Verglühen nur Versinken
nur Zittrigkeit der Stimme Ausharren
der Körper schon besiegelt der Blick
geschlagen der Name verletzt dann zieht Bilanz.
Nein ich will nicht mehr will nicht Zeichen machen
die Hand bewegen nein auch nicht den Blick
und nicht das Herz. Nein will nicht mehr will nicht
das schmutzige schmutzige schmutzige Licht des Tages.
Fernab Kindheit Paradies Himmel
o sicheres sicheres Paradies.

Susanne Lange

JORGE EDUARDO EIELSON

(1924-2006, PERÚ)

HABITACIÓN EN LLAMAS

Perdido en un negro vals, oh siempre
Siempre entre mi sombra y la terrible
Limpieza de los astros, toco el centro
De un relámpago de seda, clamo
Entre las grandes flores vivas,
Ruedo entre las patas de los bueyes, desolado.
¡Oh círculos de cieno, abismos materiales!
¿He de prenderos fuego un día,
He de borrar el sol del cielo, el mar
Del agua? ¿O he de llorar acaso
Ante los fríos ciclos naturales, como ante un ciego,
Vasto, inútil teléfono descolgado?

JORGE EDUARDO EIELSON

(1924–2006, PERU)

ZIMMER LICHTERLOH

Verstrickt in einen schwarzen Walzer, immer
ach immer zwischen meinem Schatten und der fürchterlichen
Sauberkeit der Sterne, berühre ich das Zentrum
eines Blitzes aus Seide, schreie ich
zwischen den großen lebenden Blumen,
wälz ich mich unter den Füßen der Ochsen, am Boden zerstört.
Ihr stofflichen Abgründe, Kreise aus Schlamm!
Werd ich irgendwann noch Feuer an euch legen,
werd ich die Sonne vom Himmel wischen, das Meer
aus dem Wasser? Oder werd ich etwa weinen
vor den kalten Zyklen der Natur, so wie vor einem blinden,
enormen, unbrauchbaren Telefon mit abgehobenem Hörer?

Martin von Koppenfels

JAVIER SOLOGUREN

(1921-2004, PERÚ)

LA TINTA EN EL PAPEL.
El pensamiento
deja su noche.

JAVIER SOLOGUREN

(1921–2004, PERU)

DIE TINTE AUF DEM PAPIER.
Der Gedanke
verlässt seine Nacht.

Susanne Lange

AMANDA BERENGUER

(1921-2010, URUGUAY)

(LA CARTA)

> *This is my letter to the world,*
> *That never wrote to me*
>
> EMILY DICKINSON

escribo una carta infinita
en la pared ambigua del recipiente
que me contiene
unas veces adentro
otras veces afuera
sin levantar el bolígrafo
escribo una carta infinita

AMANDA BERENGUER

(1921–2010, URUGUAY)

(DER BRIEF)

This is my letter to the world,
That never wrote to me
EMILY DICKINSON

ich schreibe einen unendlichen brief
auf die vexierwand des gefäßes
das mich umschließt
mal außen
mal innen
ohne den stift abzusetzen
schreibe einen endlosen brief

Petra Strien

ALDO OLIVA

(1927-2000, ARGENTINA)

NOÉ

Sueño es ordenar las aguas
ya que el agua es sueño originario;
lo sólo real no cambia.
Hielo, nube, lluvia
no cambian:
lo diverso es su origen,
la lágrima, su azar.

ALDO OLIVA

(1927–2000, ARGENTINIEN)

NOAH

Traum heißt, die Wasser zu ordnen
denn das Wasser ist ursprünglicher Traum;
das nur Wirkliche ändert sich nicht.
Eis, Wolke, Regen
ändern sich nicht:
das Verschiedenartige ist ihr Ursprung,
die Träne ihr Zufall.

Nico Bleutge

ALEJANDRA PIZARNIK

(1936-1972, ARGENTINA)

DE: ÁRBOL DE DIANA

14

El poema que no digo,
el que no merezco.
Miedo de ser dos
camino del espejo:
alguien en mí dormido
me come y me bebe.

...AL ALBA VENID...

A Silvina Ocampo

al viento no lo escuchéis,
al viento.
        toco la noche,
a la noche no la toquéis,
al alba,
        voy a partir,
al alba no partáis, al alba
voy a partir.

ALEJANDRA PIZARNIK

(1936–1972, ARGENTINIEN)

AUS: BAUM DER DIANA

14
Das Gedicht, das ich nicht sage,
und ich nicht verdiene.
Angst, zwei zu sein
spiegelwegs:
jemand in mir schläft
isst mich und trinkt mich.

Dagmara Kraus

... AM MORGEN HER ZU MIR ...

Für Silvina Ocampo

auf den Wind höret nicht,
auf den Wind.
          meine Hand an der Nacht,
an die Nacht rühret nicht,
am Morgen
          gehe ich,
am Morgen gehet nicht, am Morgen
gehe ich.

Thomas Brovot

GERARDO DENIZ

(1934-2014, MÉXICO)

DIFÍCIL

Volver es una cosa, otra escribirlo
en las horas hostiles que desfilan con mazas de piedra.
Qué guapas son, y qué brutas.

El sur agita gallardetes en jirones,
barco encallado en el coral azul del día.
Los volcanes, las cosas celando un espacio dudoso;
y la vida que se retuerce aquí mismo
es un naranjo extraño.

Un ídolo de madera baja el Dniéper revuelto;
cruza el ramarro —relámpago— el camino.
Chocan en esta línea. ¿Y bien?
Aquel que amó, ¿ame mañana?

Las doce.
El sol pone el mantel en la montaña
donde una nube llega, se demora,
sucia de ser humano.

GERARDO DENIZ

(1934–2014, MEXIKO)

SCHWIERIG

Zurückkehren ist eines, ein andres, darüber schreiben
in den feindlichen Stunden, die mit Steinkeulen vorbeiziehen.
Wie hübsch sie sind, wie roh.

Der Süden wedelt mit zerfetzten Wimpeln,
ein Schiff, gestrandet in der blauen Koralle des Tages.
Die Vulkane, die Dinge wachen über einen vagen Raum,
und das Leben, das sich vor uns krümmt,
ist ein seltsamer Orangenbaum.

Ein hölzerner Götze befährt den aufrührerischen Dnjepr;
die Smaragdeidechse kreuzt – ein Blitz – den Weg.
Sie stoßen auf dieser Geraden zusammen. Ja und?
Wer liebte, soll der morgen lieben?

Zwölf.
Die Sonne deckt ihr Tischtuch über den Berg,
wo eine Wolke aufzieht, innehält,
schmutzig von ihrem Menschsein.

Susanne Lange

SEVERO SARDUY

(1937-1993, CUBA)

EPITAFIOS: VII.

Que den guayaba con queso
y haya son en mi velorio;
Que el protocolo mortuorio
se acorte y limite a eso.
Ni lamentos en exceso,
ni Bach; música ligera:
la Sonora Matancera.
Para gustos, los colores:
a mí no me pongan flores
si muero en la carretera.

SEVERO SARDUY

(1937–1993, KUBA)

EPITAPHE: VII.

Guavenbrot mit Käse reiche
man und spiele einen Son
an meinem Sarg; was immer von
zu großer Trauer kündet, weiche.
Damit es einem Festtag gleiche:
statt Bach Sonora Matancera,
leicht, beschwingt, kein bisschen schwerer.
Vergesst die Schleifen, jedem Tierchen
– keine Blumen! – sein Pläsierchen,
wenn der Tod mich et cetera.

Thomas Brovot

JOSÉ KOZER

(*1940, CUBA)

ÍNDOLE ULTERIOR

Almorzamos (es eterna mi madre) a orillas de un torrente (es
    eterno por ende mi padre).

Junto a una fuente (eternos) en ruinas mirábamos pasar el
    agua: algunas ramas recién caídas, miosotis, la cerceta a la
    deriva (rostros de feliz certidumbre, eternos): y somos agua,
    por ende.

Nuestros caballos están atados a pequeños robles sólo es efímera
    la madera el cuero de las monturas por ende las gualdrapas:
    riendas y estribos a la deriva se deshacen del orín brotan
    ciudades brotan las manadas, del cuero: mangles ficus la
    flor que llaman maravilla, jalonada de desaparición.

Al borde del agua a ras paso así la mano ahí el higo en la
    higuera en la piedra la inscripción (otra estela de la
    porosidad): ahí paso la mano, nos sostenemos los tres de las
    yerbas que descartan unos sabios que en el mundo han sido
    (o algo así) en alabanza, canturreamos: al atardecer me
    acerco a un atril de acero inoxidable (se acabó la madera)
    en la floresta, sigo con el dedo índice unas palabras o notas
    musicales, bajo la voz, aún más aún más, elevo la mirada
    (entre los cielos, canturreo) (¿yo; yo?): aquí, aquí, y luego al
    sentarme entre mis padres ancestrales tengo que raspar
    (piedra pómez) las raicillas que aún nos crecen en la planta
    de los pies.

JOSÉ KOZER
(*1940, KUBA)

JENSEITIGES WESEN

Wir aßen zu Mittag (ewig ist meine Mutter) am Ufer eines Baches
(ewig ist demnach mein Vater).

Neben einem Brunnen in Ruinen sahen wir (ewig) das Wasser
fließen: frisch gefallene Zweige, Vergissmeinnicht, die treibende
Krickente (Gesichter voll glücklicher Gewissheit, ewig): und wir
sind Wasser, demnach.

Unsere Pferde sind an kleine Eichen gebunden vergänglich ist nur
das Holz das Leder des Reitzeugs und demnach die Satteldecken:
treibend werfen Zügel und Steigbügel den Rost ab erblühen
Städte erblühen Herden, aus dem Leder: Mangroven Ficus die
Blume, nach dem Wunder benannt, vom Aussterben gezeichnet.

Am Rande des Wassers tastet dicht darüber meine Hand, da, die
Feige am Feigenbaum auf dem Stein die Inschrift (noch ein
Grabmal des Porösen): meine Hand fährt darüber, alle drei
nähren wir uns von dem Gras, das ein paar Weise verwerfen, die
in der Welt gepriesen wurden (oder dergleichen), wir singen vor
uns hin: am Abend trete ich ans Pult aus rostfreiem Stahl (aus
das Holz) im Wald, folge mit dem Zeigefinger Wörtern oder
Noten, senke die Stimme, mehr und mehr, schaue auf (von
Himmel zu Himmel, singe ich) (ich?; ich?): hier, hier, und dann,
wenn ich mich zwischen meine Ureltern setze, muss ich mir
(Bimsstein) die Würzelchen abschaben, die uns noch wachsen
unter den Sohlen.

Susanne Lange

NÉSTOR PERLONGHER

(1949-1992, ARGENTINA)

TEMA DEL CISNE HUNDIDO (1)

Undoso el que avanzara por los rizos
del espejo laqueado, su pezcuello
dócil al mando del cendal declina
rayado el rutilar de su plumaje.

Quien por interrogar las inestables
corrientes donde aneja su pellejo
arruga de nerviosas denticiones
la quilla que traslúcida corría

por parques de reflejos azulados,
impávido el azor, la crista altiva,
arriesga el hundimiento en ese anclaje.

Porque, por más que mírese a los hados,
no se retarda la fatal carrera
si tempestuoso pie pisa la pluma.

NÉSTOR PERLONGHER

(1949–1992, ARGENTINIEN)

MOTIV DES UNTERGEGANGENEN SCHWANS (1)

Wogend, wer auf den gelockten Wellen
des lackierten Spiegels glitte, seinen Barbenhals
folgsam dem Gebot des zarten Tafts geneigt,
fein schraffiert der Schimmer seiner Federn.

Wer zur Befragung der veränderlichen
Strömungen, in denen er die Haut ertränkt,
mit nervös gezacktem Zahnen die Kielspur
kräuselt, die kristallklar quer durch Gärten

schillernd blauer Lichtreflexe strömte,
der Falke, furchtlos mit geschwelltem Schopf,
riskiert den Untergang an diesem Ankerplatz.

Denn, so sehr man die Geschicke deutet,
man schiebt den unheilvollen Lauf nicht auf,
wenn ungestümer Fuß die Feder niedertritt.

Petra Strien

RAÚL ZURITA

(*1950, CHILE)

NAUFRAGA, SE HUNDE. El barco herrumbroso se hunde y el
desierto se cierra sobre él cubriéndolo. Se cierra y Chile se
hunde, la cornisa muerta del Pacífico se hunde, la proa muerta
de los paisajes se hunde mientras las piedras cayéndoles encima
gritan que nada está vivo, que ya nada vive, que si uno murió
por todos es que todos están muertos.

Los arenales muertos se cierran, la tumba de los paisajes
muertos se cierra.

Las resecas olas se cierran. Mireya dice que hay un barco en un
tierral de muertos. Que está allí, que una vez hubo un país, pero
que ahora es sólo un barco tapiado bajo el mar muerto de sus
paisajes.

Dice que si uno murió por todos todos los mares muertos son
uno, las costas muertas son una, las clamantes piedras son una y
que es el silencio la roca que tapió el sepulcro de los paisajes.
Ella dice que uno murió por todos y que por eso hasta las
piedras son el cuerpo que grita mientras se clavan las llanuras
muertas sobre Chile.

RAÚL ZURITA

(*1950, CHILE)

ES ERLEIDET SCHIFFBRUCH, ES SINKT. Das rostige Schiff sinkt
und die Wüste schließt sich über ihm, deckt es zu. Sie schließt sich
und Chile sinkt, das tote Kranzgesims des Pazifiks sinkt, der tote
Bug der Landschaften sinkt, während die Steine schreiend auf sie
fallen, dass nichts lebendig bleibt, dass jetzt nichts mehr lebt, dass
wenn einer für alle gestorben ist, das bedeutet, dass alle tot sind.

Die toten Sandgruben schließen sich, die Grabstätte der toten
Landschaften schließt sich.

Die ausgedörrten Wellen schließen sich. Mireya sagt, dass es ein
Schiff in einem Sandsturm von Toten gibt. Dass es da ist, dass es
einmal ein Land gab, aber dass jetzt nur ein Schiff ist, eingemauert
unter dem toten Meer seiner Landschaften.

Sie sagt, dass wenn einer für alle starb, alle toten Meere eins sind,
die toten Küsten eins sind, die flehenden Steine eins sind und dass
die Ruhe der Fels ist, der die Gruft der Landschaften einmauerte.
Sie sagt, dass einer für alle starb und dass deshalb sogar die Steine
der Körper sind, der schreit, während sich die toten Ebenen in
Chile einnageln.

Eugen Gomringer

REINA MARÍA RODRÍGUEZ

(*1952, CUBA)

EL RECORRIDO DE LA ARAÑA

Cómo creció hasta esconderse
detrás de un oso rojo de peluche, la vida?
Adquirió una dimensión de patas largas
condenándose contra la pared,
y al final, un tejido.
La disciplina férrea de seguir sin retroceder.
Cuántas cosas comparten contigo
los oscuros huecos de esta casa?
El cristal aflojando ciertos tramos
y la cúspide hacia el despertar
que no es montaña
ni elevación tan plana,
que al enredar ciertos hilos a un trayecto
ata de otro tan frágil
(y superfluo)
contra el cristal de la ventana,
mi vejez.

REINA MARÍA RODRÍGUEZ
(*1952, KUBA)

DER LAUF DER SPINNE

Wie wuchs, bis es sich versteckte
hinter dem roten Teddybär, das Leben?
Es wurde groß mit langen Beinen
stellte sich selbst an die Wand,
und zuletzt, ein Netz.
Die eiserne Disziplin immer voran, niemals zurück.
Wie viele Dinge teilen mit dir
die dunklen Winkel dieses Hauses?
Das Glas, das manche Strecken lockert,
und der Gipfel Richtung Erwachen,
der kein Berg ist,
noch Erhebung so eben,
er verwebt manche Fäden mit einem Weg
und bindet dabei an einen anderen so zerbrechlich
(und entbehrlich)
am Glas des Fensters,
mein Alter.

Johanna Schumm

EDUARDO ESPINA

(*1954, URUGUAY)

CANTATA A NUESTROS DROMEDARIOS
(Reunirse siempre, y con sus amores)

Podría ser mañana,
después del límite que nos
aparta del ayer y de hoy mismo,
será entonces mañana un
día después del universo.
En lo más alto,
más sonoro y alto que tanta estrella
siguiendo con la voz al último deseo,
hacemos la nada con pocas palabras.
Será cuestión de horas,
—empezarán a aparecer—
casi en lo celeste que amenaza.

> (Será, en el altísimo cielo,
> donde los pájaros saben callarse)

EDUARDO ESPINA

(*1954, URUGUAY)

KANTATE AUF UNSERE DROMEDARE
(Immer vereint und mit ihren Lieben)

Es könnte morgen sein,
nach der Grenze, die uns
trennt vom Gestern und von heute,
so wird also morgen sein ein
Tag nach dem Universum.
Hoch oben,
klangvoller und höher als all die Sterne,
dem letzten Willen mit der Stimme folgend
schaffen wir das Nichts aus wenigen Worten.
Eine Frage von Stunden
– nach und nach erscheinen sie –
fast im Himmelsblau, das da droht.

(Oben, im höchsten Himmel,
wo die Vögel verstehen zu schweigen)

Susanne Lange

SERGIO RAIMONDI
(*1968, ARGENTINA)

EL PLOMERO VISITA LA CASA DEL POETA ÓRFICO
Y LE DA UNA LECCIÓN

Aunque una simpatía postule entre los caños
del edificio, el plomero al que se le abre
la puerta quiere menos saber de lo mismo
que de la diferencia y de la falla. Ajeno
a postulados etéreos, logra que el agua
siga su curso y fluya en las canillas dispuestas,
no desde el techo de la habitación a la cama;
y mientras comenta que la causalidad o algo
así está ligada a la persistencia de actos mínimos
y también al carácter falible de los hombres
y de las cosas por los hombres fabricadas,
es capaz de verificar que el fuego en potencia
alcance su versión en acto: llamas azules
flamean sobre la hornalla. Su idea del cosmos
admite una irregularidad como principio,
un azar del que, literalmente, vive. Junta
sus herramientas, ordena un poco y se va.

SERGIO RAIMONDI
(*1968, ARGENTINIEN)

DER KLEMPNER BESUCHT DEN ORPHISCHEN DICHTER
UND ERTEILT IHM EINE LEKTION

Auch wenn zwischen den Rohren des Gebäudes Sympathie
herrscht, will der Klempner, dem die Tür geöffnet
wird, weniger darüber erfahren, was die Norm ist,
als über Abweichungen und Fehler. Unberührt von
ätherischen Postulaten, schafft er es, dass das Wasser
wieder durch die instandgesetzten Leitungen fließt
und nicht von der Zimmerdecke aufs Bett tropft;
und während er darüber spricht, dass die Kausalität oder etwas
in der Art mit der Beharrlichkeit kleiner Handlungen zu tun hat
sowie mit dem fehlbaren Charakter der Menschen
und den von Menschen gefertigten Gegenständen,
kann er gleichzeitig überprüfen, ob das potenzielle Feuer
sich im selben Akt entfachen lässt: blaue Flammen
flackern auf dem Herd. Seine Vorstellung vom Kosmos
lässt eine Unregelmäßigkeit als Grundprinzip zu,
einen Zufall, von dem er wortwörtlich lebt. Er sammelt
seine Werkzeuge ein, sortiert sie ein wenig und geht.

Timo Berger

JAIME LUIS HUENÚN

(*1967, CHILE)

FABLA DE CASTILLA

Esta es la lengua que devora bosques,
fuego y maldición tejen sus palabras.
La lengua arrebata a los hijos su pureza,
la lengua los despoja de su intacta desnudez.
He allí la que nació en triste y cruel locura,
hilando seductora sonidos del infierno.
La lengua que te miente te dice la verdad,
la lengua amorosa destila igual veneno.
La lengua es el azote de todas las naciones
y de todos los amantes yaciendo bajo el sol.
La lengua como tumba cebada por los rayos,
perversidad desnuda de vocal en vocal.
Mirad al niño índigo salir de su inocencia
nombrando criaturas que habitan en la luz.
Nacer, vivir, morir no son sólo palabras,
aullidos son de un alma convulsa y demencial.
La lengua es la comida del hambre de absoluto.
La lengua es la soberbia movediza y oscura;
acalla lo sagrado, consuela a los insomnes,
desangra en los jardines las rosas del amor.
La lengua sólo habla de huesos y de cuencas,
de fúnebres coronas sobre la tierra fría.
La lengua ya anochece en la flor del limonero,
asqueada y agotada bajo un cielo febril.
La lengua limpia el cutis de los muertos antiguos

JAIME LUIS HUENÚN
(*1967, CHILE)

ZUNGE KASTILIENS

Diese Zunge, sie verschlingt die Wälder.
Feuer und Verdammnis schmieden ihre Wörter.
Die Sprache nimmt den Kindern ihre Unschuld,
beraubt sie ihrer unverdorbnen Nacktheit.
Seht her, aus grausam tristem Wahn geboren,
spinnt sie sich verführerische Höllenlaute.
Die Zunge der Lüge spricht die Wahrheit,
die Zunge der Liebe versprüht auch Gift.
Die Sprache ist die Geißel aller Nationen
und aller Liebenden unter der Sonne.
Die Sprache als vom Blitz genährtes Grab,
jeder Vokal nichts als die nackte Niedertracht.
Schaut her, das Indiokind streift seine Unschuld ab
und benennt Wesen, die das Licht bewohnen.
Geboren werden, leben, sterben sind nicht bloße Worte,
nein, Aufschrei einer Seele, erschüttert, ganz von Sinnen.
Die Zunge ist der Gier nach Absolutem Nahrung.
Die Zunge ist der flatterhafte, dunkle Hochmut;
alles Heilige erstickt sie, Schlaflosen ist sie Trost,
die Liebesrosen in den Gärten lässt sie bluten.
Die Sprache spricht nur von Gebeinen und von Senken,
nur von Trauerkränzen auf der kalten Erde.
Die Sprache dunkelt schon in der Zitronenblüte,
erschöpft und angewidert unter fieberrotem Himmel.
Die Zunge reinigt das Gesicht der Toten von vordem,

y arrulla al claro cisne que agoniza en el agua.
La lengua es fiero viento sobre las pesadillas,
el susurro de un árbol sin aire y sin raíz.
Estos son los trabajos que apenas ya soportas,
oh, lengua del cascajo y el quieto manantial.
Oh, útil decadencia, oh cínicos cantos
para habitar en vano esta tierra mortal.

lullt den hellen Schwan ein, der im Wasser hinsiecht.

Sprache ist der Sturm, der über Albträume hinwegfegt,

das Rauschen eines Baumes ohne Luft und Wurzel.

Das sind die Qualen, die du kaum ertragen kannst,

o, Sprache der Kieselsteine und der stillen Quelle.

O, nützlicher Verfall, o, zynischer Gesang,

um vergeblich diese todgeweihte Erde zu bewohnen.

Petra Strien

SOLEDAD SONORA –

KLINGENDE EINSAMKEIT

Nachwort von Martin von Koppenfels

Die mystischen Liebesgedichte des Johannes vom Kreuz (1542–
1591) haben eine geradezu hypnotische Wirkung auf Generatio-
nen von spanischsprachigen Dichtern ausgeübt. Dies zeigt sich
schon darin, dass nicht etwa nur die Gedichte als ganze, sondern
sogar einzelne Wortgruppen aus ihnen eigene poetische Tradi-
tionen begründet haben. Das gilt etwa für die «ínsulas extrañas»,
die «fremden Eilande», die in neuerer Zeit u. a. einem Gedicht-
band des peruanischen Surrealisten E. A. Westphalen (1933)
und einer bedeutenden spanisch-amerikanischen Lyrikanthologo-
gie (2000) als Titel gedient haben. Es gilt aber auch für die ge-
heimnisvolle «soledad sonora» (unzureichend übersetzbar mit
«klingende Einsamkeit»), in deren poetischen Schatten sich wie
so viele andere auch der Spanier Juan Ramón Jiménez in seinem
symbolistischen Frühwerk stellte (*La soledad sonora*, 1911). Beide
Wortgruppen entstammen dem *Geistlichen Gesang* (*Cántico espi-
ritual*), dem vom biblischen *Hohelied*, aber auch von der profa-
nen Liebesdichtung der spanischen Renaissance inspirierten
Hauptwerk des Johannes vom Kreuz.

An einer Stelle dieses Gedichts entfährt der verzückten mysti-
schen Braut im Angesicht des Geliebten eine Reihe von Ausru-
fen, die ohne Verben, fast stammelnd, aneinandergereiht sind:

Mi Amado, las montañas,
los valles solitarios nemorosos,

las ínsulas extrañas,
los ríos sonorosos,
el silbo de los aires amorosos,

la noche sosegada
en par de los levantes del aurora,
la música callada,
la soledad sonora,
la cena que recrea y enamora.

In der Übersetzung der jüdischen Karmelitin Edith Stein – die an ihrem niederländischen Zufluchtsort bis kurz vor ihrer Deportation nach Auschwitz an einem Buch über Johannes vom Kreuz arbeitete – lauten diese Verse so:

Du bist wie Berge, hehre,
Geliebter, und wie Waldtals Einsamkeiten,
wie Inseln ferner Meere,
wie rauschend Stromesgleiten,
und säuselnd linder Lüfte Lieblichkeiten.

Gleich stiller Nacht, der schönen,
die schon das neue Morgenlicht durchdringet,
Musik mit leisen Tönen
und Einsamkeit, die klinget,
erquickend Nachtmahl, das die Lieb' beschwinget.

Diesen großen Gesang der mystischen Liebe wird man in der vorliegenden Miniaturauswahl schon aus Platzmangel nicht finden – geschweige denn einen Kommentar, der seinen poetischen Zauber in die literatur- und kulturgeschichtlichen Kontexte stellt, die ihn ursprünglich hervorgebracht haben. Für beide Anliegen sei vielmehr auf die 2500-seitige Anthologie *Spanische und hispanoamerikanische Lyrik* (2022) verwiesen, zu der sich diese kleine Handausgabe als eine Art ‹Anthologie der Anthologie› verhält. Damit entsprechen die Herausgeber nicht zuletzt dem Wunsch des Verlags, auch etwas eiligeren Lyriklesern einen Einstieg in die *soledad sonora* der spanischsprachigen Lyriktradition zu ermöglichen. Doch immerhin ist der Heilige der spanischen Lyrik auch in der vorliegenden Sammlung vertreten – und zwar mit seiner nicht minder berühmten «Dunklen Nacht», die von Stefan George ins Deutsche übertragen wurde. Und immerhin kann man sehr wohl auch in dieser kleinen Sammlung einige Stationen der spanischen «Poesie der Einsamkeit» (Karl Vossler) abschreiten.

Was der Titel von Vosslers klassischer Studie zur spanischen Lyriktradition andeutet, bestätigt sich auch in unserer Auswahl: Mit dem vieldeutigen Wort *soledad* ist ein Schlüsselbegriff für die besonderen poetischen Potenziale der spanischen Sprache aufgerufen, zugleich aber auch ein Beispiel für die bis in den Wortschatz hinein eigenständige Ausprägung dieser poetischen Kultur, die sich von mitteleuropäischen Dichtungstraditionen immer wieder auf verblüffende Weise unterscheidet. Das spanische Wort *soledad* hat einen subjektiven («Einsamkeit») und einen objektiven Bedeutungsaspekt («Ödland», «menschenleere Gegend», «Wüste»). Die subjektiven Konnotationen können im Einzelfall bis zur Bedeutung «Sehnsucht»/«Wehmut» reichen (die beim portugiesischen Pendant *saudade* die einzig verbliebene ist). Diese negativ subjektive Bedeutung taucht in unserer Sammlung z. B. in Miguel Hernández' «Wiegenlied der Zwiebel» auf, das im Gefängnis geschrieben wurde (S. 114–121):

Tu risa me hace libre,
me pone alas.
Soledades me quita,
cárcel me arranca.

Dein Lachen befreit,
verleiht mir Flügel,
nimmt mir die Einsamkeit,
reißt mich aus dem Kerker.

In der Frühen Neuzeit (dem «Goldenen Zeitalter» der spanischen Literatur) hatte sich *soledad* hingegen zu einer Chiffre der Sehnsucht nach einem (arkadischen, bukolischen, utopischen) Raum außerhalb von Geschichte und Zivilisation entwickelt. Diese Chiffre griff Johannes vom Kreuz auf und verwandelte sie in eine Metapher mystischer Entrückung, wobei die «klingende Einsamkeit» – wie ihr Gegenstück, die *música callada* oder «schweigende Musik» – eine Paradoxie bildet: die nur mit der Seele hörbare Musik der menschenleeren Räume.

Luis de Góngora, der wohl bedeutendste Dichter des spanischen Barock, hat seinem unvollendeten Hauptwerk, das man als monströses Idyll bezeichnen kann, den Titel *Soledades* gegeben. Und dieser Titel ist Programm: Die gewaltige, komplexe Dichtung vollzieht in Inhalt und Form eine einzige große Geste gesellschaftlicher Distanzierung. Das Widmungsgedicht – oder besser: die Ouvertüre – des Werks vermeldet sogleich, dass es seine Inspiration der *soledad confusa*, der Wirrnis der Einsamkeit, verdankt (S. 44–47):

Pasos de un peregrino son, errante,
cuantos me dictó versos dulce musa,
en soledad confusa

Schritte eines Wandrers sind es in der Irre,
was geflüstert mir die Muse süß an Versen
in der Einsamkeiten Nebel

Der späte Romantiker Gustavo Adolfo Bécquer schickt seine Leser in die «düsterste und traurigste der Einöden [...], wo das Vergessen wohnt» (S. 75). Und Rosalía de Castro zitiert Ende des 19. Jahrhunderts die *grata soledad,* die liebgewonnene Einsamkeit, noch einmal im romantischen Gestus sublimer Subjektivität: «Was heißt Einsamkeit? Um die Welt zu füllen, / genügt manchmal ein einziger Gedanke.» (S. 77) Antonio Machado wiederum, der solitäre Erneuerer einer Poetik der Schlichtheit, die sich nicht zuletzt auf mittelalterliche Vorbilder berief, nannte 1903 seinen melancholischen Erstling, wie könnte es anders sein, *Soledades* (vgl. «Tarde tranquila, casi», S. 88). Bei Pablo Neruda hingegen beklagt das Subjekt als in die Enge getriebenes «Tier aus Licht» den Verlust dieser alten poetischen Ressource, die im Reizstrom der Moderne, diesem «End- und Einsamlosen» (*este sin fin sin soledad*), zu verschwinden droht (S. 104–107):

> Ich bin in diesem End- und Einsamlosen
> ein Tier aus Licht, getrieben in die Enge
> von seinen Fehlern und von seinem Laub:
> weit ist der Urwald: meinesgleichen
> wimmelt hier, weicht oder handelt,
> doch ich ziehe mich zurück, geleitet
> von der Eskorte, die die Zeit mir zuweist:
> Wellen des Meers, Sterne der Nacht.

Die hier ausgewählten Gedichte stammen aus sechs Jahrhunderten. Sie stehen exemplarisch für die wichtigsten Epochen und Konjunkturen der spanischen und hispanoamerikanischen Lyrik. Deren poetische Überlieferung ist so reich, das Prestige der Lyrik bis heute so ungebrochen, dass man von einer lyrischen Grunddisposition spanischsprachiger Kulturen diesseits und jenseits des Atlantiks sprechen kann. Ein hervorstechender Zug dieser Kulturen, den die ausgewählten Gedichte gleichfalls bezeugen, ist die Langlebigkeit ihrer poetischen Formen, die zum Teil über Jahrhunderte tradiert und dabei immer wieder neu mit Leben erfüllt wurden. Das gilt z. B. für die Form des *romance* (dessen deutsche Entsprechung «Romanze», obwohl von Herder und Heine verwendet, falsche Assoziationen weckt). Es handelt sich um ein äußerst flexibles, ursprünglich balladenähnliches Medium, dessen Anfänge wohl im 14. Jahrhundert liegen. Im 15. Jahrhundert wurde es von den höfischen Dichtern Kastiliens und Aragóns aufgegriffen und dadurch aus einem Metier improvisierender Spielleute und blinder Bettler in eine literarische Kunstübung verwandelt – eine Kunstübung, die spanischsprachige Dichter bis ins 20. Jahrhundert hinein weiter kultivierten. In diese Reihe gehören in unserem Band außer dem anonymen *romance* «El prisionero» (S. 24 f.) auch Antonio Machados «Caminante» (S. 88 f.) und García Lorcas «Casida de las palomas oscuras» (S. 112 f.).

Der *romancero*, die virtuelle Summe aller je gesungenen oder geschriebenen *romances*, ist der lebende Beweis dafür, dass die Dichtung der Eliten in der spanischsprachigen Welt zumeist weniger scharf von populären Traditionen geschieden war als in anderen europäischen Kulturen, so dass sich immer wieder Räume für ein Geben und Nehmen zwischen beiden Bereichen auftaten. Als Beispiel dafür taugt auch die spanische Dezime, eine ebenso komplexe wie konzise Form, die in der Renaissance entstand. In Kuba und andernorts in Lateinamerika ist sie bis heute populär und dient sogar als poetische Disziplin für improvisatorische Wettkämpfe, regelrechte *battles*. Anfang der 1990er Jahre schrieb sich der schwerkranke kubanische Autor Severo Sarduy in seinem Pariser Exil selbst eine Reihe ironischer «Epitaphe» in Dezimen (S. 146 f.) – und schloss damit einerseits an die lyrische Folklore seiner Heimat, andererseits aber an eine der ältesten Verwendungen dieser Form an, die aufgrund ihrer pointierten Knappheit schon im Barock für Grabinschriften und Nachrufe verwendet worden war.

Ein besonderer Beleg für das erwähnte Geben und Nehmen ist die Tatsache, dass das Interesse an der lyrischen Folklore (also an dem, was deutsche Romantiker Jahrhunderte später als «Volkslied» bezeichnen sollten) in Spanien schon an der Schwelle zur Neuzeit erwachte. Bereits im 15. Jahrhundert begannen höfische Dichter in Kastilien und Aragón, populäre Motive in ihre Gedichte einzubauen. Sie spürten als Erste die Faszination dieser anonymen Liebeslyrik, die sie in kunstvolle poetische Fassungen setzten und dadurch bewahrten (vgl. «Al alba venid» und «En Ávila mis ojos», S. 26 f.). Und diese Faszination bricht vielfach noch im 20. Jahrhundert durch, wie etwa bei der Argentinierin Alejandra Pizarnik, die eine Variation über das Tagelied «Al alba venid» schrieb (S. 142 f.). Als einen gewaltsam abgetrennten Zweig der alten lyrischen Folklore Spaniens kann man schließlich das kostbare Korpus der sephardischen Lieder ansehen, die die 1492 aus Spanien vertriebenen Juden zusammen mit ihrer Sprache, dem Judenspanischen (Judesmo, Spanyolit, Ladino), an ihren Exilorten über Jahrhunderte erstaunlich unverändert bewahrt haben. Diese Lieder, meist erst im 20. Jahrhundert verschriftlicht, wirken wie lebende Fossilien einer im doppelten Sinne untergegangenen poetischen Welt (vgl. S. 28 f.).

Unsere Auswahl versucht, wie gesagt, trotz ihres begrenzten Umfangs, einige der wichtigsten Stationen in der Geschichte der Lyrik in spanischer Sprache zu durchwandern. An ihrem Anfang steht die Dichtung der *cancioneros*, der Liederhandschriften des 15. und frühen 16. Jahrhunderts, die ein gewaltiges – und im deutschen Sprachraum nahezu unbekanntes – Korpus höfischer Dichtung überliefern. Sie sind Zeugnisse eines glänzenden «Herbstes des Mittelalters» auf der iberischen Halbinsel, entstanden im Umkreis der verschiedenen Zweige der Trastámara-Dynastie in Kastilien und Aragón, sowie der Personalunion beider Reiche unter den Katholischen Königen Fernando und Isabel (vgl. die Texte von Rodríguez del Padrón, Jorge Manrique, dem Komtur Escrivà und Florencia Pinar). In diese Epoche fällt auch die ‹Entdeckung› und Verschriftlichung der anonymen Dichtungstraditionen (*romancero*, volkstümliche Lieder), die hier gleichfalls in einigen Beispielen vertreten sind.

Durch die dauerhafte politische Präsenz in Italien und durch den Dynastiewechsel zu den flandrischen Habsburgern öffnete sich Spanien sowohl der süd- als auch der nordeuropäischen Renaissance. Eine Generation humanistisch ausgebildeter Soldaten und Diplomaten, die der imperialen Funktionselite unter Karl V. angehörten, beendete die Dominanz der traditionellen Formen des *cancionero* zugunsten der Formensprache der italienischen Renaissance (Sonett, Kanzone, Madrigal etc.). Da die älteren Genres dennoch erhalten blieben, entwickelte sich eine Art poetische Zweisprachigkeit, die die spanische Lyrik noch jahrhundertelang prägen sollte. In die Reihe der großen Renaissancedichter gehören die Gründungsfigur Garcilaso de la Vega sowie der in Florenz aufgewachsene Francisco de Aldana, aber auch der Mystiker Johannes vom Kreuz, der die Formen der Renaissancelyrik in die geistliche Dichtung importierte, sowie schließlich Fernando de Herrera, das solitäre Haupt der Sevillaner Dichterszene in der zweiten Hälfte des 16. Jahrhunderts. Seine Lyrik bildet die entscheidende Zwischenstufe zwischen dem harmonischen Petrarkismus Garcilasos und den spannungsreichen Fügungen Góngoras.

Die spektakuläre Dichtung des Barock ist in unserer Auswahl durch die großen Namen Luis de Góngora, Lope de Vega, Francisco de Quevedo, Juan de Tassis (Conde de Villamediana) und Calderón de la Barca vertreten. Diese Gruppe wird abgeschlossen durch die mexikanische Nonne Sor Juana Ines de la Cruz, die erste bedeutende Autorin Neuspaniens, ja des ganzen amerikanischen Kontinents. In dieser barocken Reihe dominiert das Sonett, dessen vierzehn Tanzschritte die Virtuosen des 17. Jahrhunderts mit allen Widersprüchen und Spannungen ihrer Epoche aufluden. Diese Dominanz einer Gedichtform ist allerdings allein dem beschränkten Raum der vorliegenden Auswahl geschuldet. Um einen Einblick in die Vielfalt barocker Dichtung mitsamt ihren monumentalen Formaten zu geben, bedarf es eines längeren Atems, wie ihn die genannte große Anthologie besitzt.

Als einsame Vorboten der reichen Konjunktur moderner Lyrik dürfen Gustavo Adolfo Bécquer und Rosalía de Castro gelten. Sie stehen an der Schwelle des Aufbruchs in die Moderne, der freilich nicht von spanischen, sondern von amerikanischen Dichtern vollzogen werden wird: dem Kubaner José Martí und dem Nicaraguaner Rubén Darío. Gäbe es eine literarische Unabhängigkeitserklärung Hispanoamerikas, so trüge sie die Unterschriften dieser beiden. Die kulturelle Emanzipation des Subkontinents manifestiert sich zuerst in der poetischen Bewegung des *modernismo*, der alle literarischen Provinzen des spanischsprachigen Amerika erfasst und zugleich einen starken Impuls der Erneuerung nach Europa sendet. Dies ist die Voraussetzung für eine neue Blütezeit der Lyrik beiderseits des Atlantiks, die in Spanien jedoch in Bürgerkrieg und franquistischer Repression untergeht (Antonio Machado, Federico García Lorca, Miguel Hernández) oder ins amerikanische Exil verpflanzt wird (Luis Cernuda). In der bleiernen Nachkriegszeit Franco-Spaniens wird auch die Lyrik wieder provinziell. Die entscheidenden Impulse bleiben jenen Autoren vorbehalten, denen es gelingt, mit der internationalen Moderne Fühlung zu halten (Jaime Gil de Biedma).

Im großen Resonanzraum Hispanoamerikas setzt sich die lyrische Hochkonjunktur hingegen fast ungebrochen durch das ganze 20. Jahrhundert fort. Dort gehen die letzten Ausläufer des *modernismo* in die ersten Ansätze der Avantgarde über (Herrera y Reissig) und machen einer neuen Formenvielfalt Platz: José Juan Tablada schreibt die ersten Haikus in spanischer Sprache, Ramón Lopez Velarde und Alfonsina Storni entwickeln neue metaphorische Sprachen des Eros. Die Epoche der radikalen Avantgarden wiederum ist in unserem Band mit Texten zweier poetischer Extremisten vertreten: einem Manifest von Vicente Huidobro (1916) und einem Gedicht aus César Vallejos kompromisslosem Gedichtband *Trilce* (1922).

Der literarische Subkontinent hat Lyriker hervorgebracht, denen die internationale Anerkennung nicht versagt blieb, wie die Nobelpreisträger Pablo Neruda und Octavio Paz. In seinen Weiten war aber auch Raum für bedeutende Einzelgänger wie die Mexikaner Gilberto Owen und Gerardo Deniz oder den Argentinier Juan L. Ortiz. Sie hielten sich abseits der literarischen Strömungen, ihre Werke wurden zu Lebzeiten wenig beachtet, konnten aber dennoch einen erheblichen Einfluss auf die Dichter der folgenden Generationen entfalten. Hispanoamerika ist freilich alles andere als ein einheitlicher Kulturraum, sondern in einer Weise heterogen, von der – ein weiteres Mal – im Format eines Bändchens der Reihe *textura* kaum mehr als eine blasse Ahnung vermittelt werden kann. Immerhin findet man auch in dieser Auswahl Beispiele für besondere lokale Konjunkturen wie die erstaunliche Häufung glänzender Lyrikerinnen in der uruguayischen Literatur, hier vertreten durch Delmira Agustini, Idea Vilariño und Amanda Berenguer – denen man vom anderen Ufer des Río de la Plata noch die großen Suizidalen Alfonsina Storni und Alejandra Pizarnik an die Seite stellen darf. Eine andere dieser Konjunkturen ist die verblüffende lyrische Produktivität des

Inselstaates Kuba mit seiner seit José Martí nicht abreißenden Reihe bedeutender Sprachkünstler. Diese wird hier repräsentiert durch die dominierende Figur der zweiten Hälfte des 20. Jahrhunderts, José Lezama Lima, der zum Stichwortgeber für die lateinamerikanische Strömung des «Neobarock» wurde, aber auch durch Dichter der folgenden Generationen wie Severo Sarduy, José Kozer und Reina María Rodríguez.

Das Schlusswort unserer Sammlung geht an einen Lyriker, der im doppelten Sinn vom Rand Hispanoamerikas stammt, sowohl seiner Herkunft aus dem tiefen Süden als auch seiner indigenen Wurzeln wegen. Es ist der Chilene Jaime Luis Huenún, und sein Schlusswort besteht aus einem einzigen, ebenso leidenschaftlichen wie ambivalenten Fluch auf das eine Gemeinsame, das alle in diesem Band versammelten Autoren und Autorinnen miteinander verbindet (oder aneinanderkettet): die «kastilische Zunge», die Sprache der Konquistadoren und des Imperiums. Sie erscheint hier zugleich als wälderverschlingende Feuerzunge und damit als Agentin einer Katastrophe, in der kulturelle und ökologische Verheerungen unauflöslich ineinandergreifen. Das Gedicht, das dieser Fluch ist, legt mit ihm aber auch Feuer an sich selbst, denn die kastilische Zunge, die immer auch eine lyrische war, ist auch die seine.

ANMERKUNGEN

JUAN RODRÍGUEZ DEL PADRÓN (KASTILIEN)   12
Padrón 1390? – Padrón 1450?

BIEN AMAR, LEAL SERVIR (Text: *Poesía de Cancionero*, hg. v. Álvaro Alonso, 1986, S. 123; Ü: Ludwig Uhland, *Werke*, Bd. 1, hg. v. Walter Scheffler, 1980, S. 332). Rodríguez del Padrón hatte entscheidenden Anteil an der Durchsetzung der höfischen Liebesdichtung in kastilischer Sprache, die sich am Hof Juans II. von Kastilien zu Beginn des 15. Jahrhunderts vollzog.

JORGE MANRIQUE (KASTILIEN)   14
Segura de la Sierra 1440 – Santa María del Campo Rus 1479

ESCALA DE AMOR (Text: *Poesía*, hg. v. Vicenç Beltran, 2013, S. 22f.; Ü: Martin von Koppenfels). Das Motiv des Sturmangriffs auf eine Burg als Allegorie der Liebe findet sich bereits im altfranzösischen *Roman de la rose* (13. Jahrhundert). Jorge Manrique arbeitet das Bild bis in Details zeitgenössischer Belagerungstaktik hinein durch, was zum Reichtum der psychologischen Schilderung beiträgt.

KOMTUR ESCRIVÁ (KASTILIEN-ARAGÓN)   18
Valencia? Zweite Hälfte 15. Jahrhundert – Valencia? Anfang 16. Jahrhundert

VEN, MUERTE, TAN ESCONDIDA (Text: *Lírica y cancioneros*, hg. v. Vicenç Beltran, 2009, S. 646f.; Ü: Emanuel Geibel, *Spanisches Liederbuch*, 1852, S. 69). Die berühmte *canción* variiert einen Refrain von Jorge Manrique: «No tardes, muerte, que muero; / ven, porque biva contigo».

FLORENCIA PINAR (KASTILIEN-ARAGÓN)   20
Zweite Hälfte 15. Jahrhundert – Anfang 16. Jahrhundert

DE ESTAS AVES SU NACIÓN (Text: ebda., S. 726; Ü: Martin von Koppenfels). Im Mittelpunkt dieses höfischen Gelegenheitsgedichts (V. 10f.) steht ein konzeptistisches Wortspiel zwischen *perdiz* (Rebhuhn) und *perder* (verlieren). Um dieses Wortspiels willen sind die Vögel in der Übersetzung mutiert.

GIL VICENTE (PORTUGAL)   22
1470? – 1540?

MAL FERIDA VA LA GARZA (Text: *Lírica española de tipo popular*, hg. v. Margit Frenk Alatorre, 1989, S. 152f.; Ü: Susanne Lange). Die Liebesjagd ist ein Topos sowohl der höfischen als auch der traditionellen Lyrik. Der Reiher (*garza*), ein begehrtes Jagdwild, ist im Original ein Femininum und musste sich daher in der Übersetzung verwandeln.

EL PRISIONERO (Text: *Romancero*, hg. v. Paloma Díaz-Mas, 2009, S. 198ff.; Ü: Joseph von Eichendorff, *Werke*, Bd. IV, 1970, S. 57). Einer der meistzitierten *romances*, der auch in einer kürzeren Version kursierte. Der versöhnliche Schlussvers ist, wie im *romancero* häufig, unvermittelt angefügt. Eichendorffs Übersetzung zieht die Verse 13 und 14 zusammen.

ZWEI ANONYME LIEDER 26

AL ALBA VENID, BUEN AMIGO (Text: *Lírica española de tipo popular*, hg. v. Margit Frenk Alatorre, 1989, S. 93f.; Ü: Thomas Brovot). Das Gedicht ist ein invertiertes Tagelied; es geht nicht um die Trennung der Liebenden in der Morgendämmerung, sondern um ein morgendliches Stelldichein.

EN ÁVILA, MIS OJOS (Text: ebda., S. 156; Ü: Susanne Lange).

EIN SEPHARDISCHES LIED 28

DEBAJO DEL LIMÓN LA NOVIA (Text: ebda., S. 251f.; Ü: Petra Strien). Hochzeitslied aus Marokko, das in Struktur (Parallelismen) und Motiven (das kalte Wasser) an die galicisch-portugiesischen *cantigas* des 13. und 14. Jahrhunderts erinnert.

GARCILASO DE LA VEGA (SPANISCHE MONARCHIE) 30
Toledo 1501? – Nizza 1536

SONETO IV (Text: *Los grandes líricos del Renacimiento español*, hg. v. Inoria Pepe Sarno u. José María Reyes Cano, 2010, S. 497, Ü: Martin von Koppenfels). Thema ist das typisch petrarkistische Kippen von Liebeshoffnung in Verzweiflung mit der hedonistischen Pointe, dass der Sprecher alle Widerstände zu überwinden gedenkt, die ihn von seinem Ziel abhalten. Im Schlussvers zitiert er wörtlich die Schlusszeile von Petrarcas Kanzone 37.

SONETO XXXII (Text: ebda., S. 511; Ü: Susanne Lange).

FRANCISCO DE ALDANA (SPANISCHE MONARCHIE) 34
Neapel 1537 – Alcácer-Quibir, Marokko 1578

CUÁL ES LA CAUSA, MI DAMÓN (Text: *Poesías castellanas completas*, hg. v. José Lara Garrido, 1985, S. 201f.; Ü: Martin von Koppenfels). Die dialogische Verschlingung der Sätze bildet die der Körper nach. Das Sonett ist durchdrungen vom Leib-Seele-Dualismus der neuplatonischen Liebeslehre.

SAN JUAN DE LA CRUZ (SPANISCHE MONARCHIE) 36
Fontiveros 1544 – Úbeda 1591

NOCHE OSCURA (Text: *Los grandes líricos del Renacimiento español*, hg. v. Inoria Pepe Sarno u. José María Reyes Cano, 2010, S. 1010f.; Ü: Stefan George, *Werke*, 1983, Bd. 4, S. 230f.). Wie ein Großteil der mystischen Dichtung des Autors beruht auch dieser Text auf dem biblischen *Hohelied*, in dem die Sprecherin davon berichtet, wie sie auf der Suche nach ihrem Geliebten nachts umherstreift und von den Wächtern aufgegriffen wird (5,6f.). Bei San Juan schleicht sie sich heimlich aus dem elterlichen Haus und begibt sich zu einem einsamen Ort, wo sie mit dem Geliebten verabredet ist. Das Gedicht ist gewiss eine Deflorations- oder Todesphantasie, aber es meint zugleich den Weg der Seele zur Liebesvereinigung mit Gott. Die Übersetzung von Stefan George ist eigenwillig gemäß seinem Stil und entspricht seinem erhaben-elitären Dichtungsverständnis; er bleibt jedoch an den meisten Stellen dem Inhalt des Textes erstaunlich treu.

FERNANDO DE HERRERA (SPANISCHE MONARCHIE)   40
Sevilla 1534 – Sevilla 1597

SONETO X (Text: ebda., S. 1215; Ü: Susanne Lange). Vier Naturelemente – Sonne, Luft, Mond und Sterne – werden nacheinander als Zeugen für die Schönheit der Geliebten angerufen, die durch ihren Decknamen «Luz» selbst zum Lichtwesen naturalisiert und dadurch von den rivalisierenden Himmelskörpern ununterscheidbar wird. – 7 *Schleier goldgewoben*: doppelsinnig – einerseits ein Schleier oder Haarnetz, wie auf Frauenporträts des 16. Jahrhunderts zu sehen, andererseits metaphorisch für das Haar selbst. – 10 *errantes lumbres y fixadas*: Planeten und Fixsterne.

LUIS DE GÓNGORA Y ARGOTE (SPANISCHE MONARCHIE)   42
Córdoba 1561 – Córdoba 1627

MIENTRAS POR COMPETIR (Text: *Obras completas*, hg. v. Antonio Carreira, 2008, Bd. 1, S. 27; Ü: Christian Heinrich Postel, *Poesie der Welt. Spanien*, hg. v. Barbara Mitterer, 1985, S. 133). Das berühmteste Sonett der spanischen Literatur, gleichauf mit Garcilasos «En tanto que de rosa y de azucena». Góngoras Schlussvers, der nicht weniger als fünf Korrelate des Nichts auf engstem Raum zusammendrängt, transformiert Verlustangst in rhetorische Fülle. Christian Heinrich Postels Version stammt aus dem Jahr 1700.

A UNOS ÁLAMOS BLANCOS (Text: ebda., S. 39; Ü: Martin von Koppenfels). Das Sonett gestaltet die Pflanzenmetamorphose der Schwestern des Phaeton, die auch Heliaden genannt werden. Nach Ovid (*Metamorphosen* I, 747–II, 400) stürzte Zeus mit seinem Blitz den mit dem Sonnenwagen Amok fahrenden Phaeton vom Himmel in den Fluss Eridanus (Po oder Rhone), worauf Phaetons Schwestern am Ufer in Pappeln verwandelt wurden.

DE: SOLEDAD PRIMERA (Text: ebda., S. 365f.; Ü: Susanne Lange). *Dem Herzog von Béjar*: Es handelt sich um die Widmungssequenz des Hauptwerks der spanischen Barocklyrik, der ersten *Soledad* von Góngora (1613). In dieser «Ouvertüre» (Robert Jammes) verbinden sich poetologische Wegweiser mit einer Jagdszene und einer diskreten Selbstdarstellung des Dichters. – 1–4: Die unsicheren Schritte des namenlosen «Wanderers» (*peregrino* – «Pilger», «Fremder») und Protagonisten des Gedichts werden mit den inspirierten Versfüßen des Dichters (V. 30) antithetisch verknüpft. – 5–32: Dieser riesige Satz führt gleich zu Anfang die ganze syntaktische Komplexität der *Soledades* vor: Aus der Anrede des Herzogs entfaltet sich die Szene einer Bärenjagd in der kastilischen Sierra de Béjar in dem Moment, in dem sie von einer Rast unterbrochen wird; in diesem bukolischen Intervall kommt das Gedicht, das wir lesen, zum Vortrag. – 32: Das heraldische Knotenmotiv aus dem Wappen des Herzogs wird zur Metapher für die wechselseitige Obligation von Mäzen und Dichter.

FÉLIX LOPE DE VEGA CARPIO (SPANISCHE MONARCHIE)   48
Madrid 1562 – Madrid 1635

A LA NOCHE (Text: *Poesía completa en seis volúmenes*, hg. v. Antonio Carreño, 2002–2005, Bd. 2, S. 95; Ü: Martin von Koppenfels). Aus Lope de Vegas *Rimas*, Nr. 137. Eine Hymne an die Nacht als barocke Illusionskünstlerin.

UN SONETO ME MANDA HACER VIOLANTE (Text: *Poesía selecta*, hg. v. Antonio Carreño, 2019, S. 710f.; Ü: Michael Mertes, *Experimenta sonettologica*, 2018, S. 12). Ein virtuoses Metasonett aus der Komödie *La niña de Plata*.

FRANCISCO DE QUEVEDO (SPANISCHE MONARCHIE)   52
Madrid 1580 – Villanueva de los Infantes 1645

«¡A DE LA VIDA!» (Text: *Poesía completa*, hg. v. José Manuel Blecua, 1995, Bd. 1, S. 4; Ü: Werner von Koppenfels, *Aus dem Turm*, 2003, S. 11). Dieses berühmte Sonett stellt ein rein grammatikalisches Memento mori dar, das ohne Totenkopf und Stundenglas auskommt.

DESDE LA TORRE (Text: ebda., S. 103; Ü: Werner von Koppenfels, *Aus dem Turm*, 2003, S. 123). Titel: Das Sonett präsentiert sich als briefliche Sendung an einen Freund «aus dem Turm», d. h. aus dem Ort Torre de Juan Abad in der Mancha, dem Landsitz des Autors. Vgl. Seneca, *Epistulae ad Lucilium*, 67,2: «Die meiste Unterhaltung pflege ich mit meinen Büchern».

AMOR CONSTANTE MÁS ALLÁ DE LA MUERTE (Text: ebda., S. 507; Ü: Werner von Koppenfels, *Aus dem Turm*, 2003, S. 155). Angeregt ist dieses berühmte Liebesgedicht von Properz' *Elegie* I,19,5: «So oberflächlich hat sich mir der Knabe Amor nicht in den Augen eingenistet, dass mein Staub der Liebe vergisst und herrenlos daliegt.»

JUAN DE TASSIS Y PERALTA, CONDE DE VILLAMEDIANA (SPANISCHE MONARCHIE)   58
Lissabon 1582 – Madrid 1622

PASÉ LOS GOLFOS (Text: *Obras*, hg. v. Juan Manuel Rozas, 1969, S. 317; Ü: Martin von Koppenfels).

DETERMINARSE (Text: ebda., S. 110; Ü: Susanne Lange). Das Sonett als Tour de Force der Infinitive ist eine beliebte Stilübung des spanischen Barock, für die sich auch bei Lope de Vega und Quevedo prominente Beispiele finden.

PEDRO CALDERÓN DE LA BARCA (SPANISCHE MONARCHIE)   62
Madrid 1600 – Madrid 1681

A LAS ESTRELLAS (Text: *Comedias*, 6 Bde., hg. v. Luis Iglesias Feijóo, 2006ff., S. 1107; Ü: August Wilhelm Schlegel, *Spanisches Theater*, 1809, S. 99f.). Das «Sternen»-Sonett stammt aus Calderóns Märtyrerdrama *El príncipe con-*

stante/Der standhafte Prinz (1629). Es bildet dort das direkte Pendant zu einem zweiten Sonett («A las flores»/«Auf die Blumen»).

SOR JUANA INÉS DE LA CRUZ (NEUSPANIEN) 64
San Miguel Nepantla 1648 – Mexiko-Stadt 1695

HOMBRES NECIOS (Text: *Obras completas*, hg. v. Alfonso Méndez Plancarte, 1951–1957, Bd. 1, S. 228f.; Ü: Heidi König-Porstner, *Nichts Freieres gibt es auf Erden*, 2017, S. 77ff.). Eine Satire auf die verlogene patriarchale Sexualmoral. Zusammen mit Sor Juanas Ausführungen zum intellektuellen Leben der Frauen in dem Prosatraktat *Antwort an Schwester Filotea* steht sie in der Linie der *querelle des femmes* des 16. und 17. Jahrhunderts.

ROSA DIVINA QUE EN GENTIL CULTURA (Text: ebda., S. 278; Ü: Susanne Lange).

GUSTAVO ADOLFO BÉCQUER (SPANIEN) 72
Sevilla 1836 – Madrid 1870

38 (LIII) VOLVERÁN LAS OSCURAS GOLONDRINAS (Text: *Rimas*, hg. v. José Carlos de Torres, 1982, S. 144f.; Ü: Christiane Busl, *Rimas/Reime*, 2013, S. 105). Aus dem Band *Rimas* («Verse»), dem postum herausgegebenen Hauptwerk des Dichters. Die arabische Zahl bezieht sich auf die Zählung des 1913 wiederentdeckten Manuskripts letzter Hand (des sog. *Spatzenbuchs*), die römische Zahl auf die von Freunden nach Bécquers Tod edierte Erstausgabe, die die Reihenfolge der *Rimas* eigenmächtig veränderte.

67 (LXVI) ¿DE DÓNDE VENGO? (Text: ebda., S. 153f.; Ü: Peter Becker, *Der Dichter, die Liebe, die Einsamkeit, der Tod*, 2006, S. 173).

ROSALÍA DE CASTRO (SPANIEN) 76
Santiago de Compostela 1837 – Padrón 1885

UN MANSO RÍO (Text: *Obras completas*, Bd. 2, hg. v. Marina Mayoral, 1993, S. 467f.; Ü: Fritz Vogelgsang, *An den Ufern des Sar*, 1987, S. 35). Aus dem Band *En las orillas del Sar* (1884), dem letzten, in spanischer Sprache geschriebenen Gedichtzyklus der Autorin, die auch das Galicische zur Literatursprache wiedererweckt hat.

AÚN OTRA AMARGA GOTA (Text: ebda., S. 544; Ü: Fritz Vogelgsang, *An den Ufern des Sar*, 1987, S. 285). In V. 7 («Wie die Wellen auf die Sandfläche schreiben») spielt Rosalía auf ihren berühmten mittelalterlichen Landsmann Juan Rodríguez del Padrón an (vgl. S. 12).

JOSÉ MARTÍ (KUBA) 80
Havanna 1853 – Dos Ríos 1895

CRIN HIRSUTA (Text: *Obras completas – Edición Crítica*, Bd. 14, 2007, S. 185; Ü: Susanne Lange). Aus *Versos libres* (1878–1882), die erst nach Martís Tod 1913 zusammen mit *Ismaelillo* und *Versos sencillos* veröffentlicht wurden. Der kubanische Unabhängigkeitskämpfer Martí strebt auch in der Dichtung Unabhängigkeit an. So «sträuben» sich seine Verse hier gegen Reim und Assonanz.

In seinem Gesamtwerk spielt er mit den verschiedensten Metren und Rhythmen.

RUBÉN DARÍO (NICARAGUA)   82

Metapa (heute: Ciudad Darío) 1867 – León 1916

> YO PERSIGO UNA FORMA (Text: *Obras completas*, hg. v. Julio Ortega, Bd. 1, 2007, S. 236f.; Ü: Werner von Koppenfels). Dieses Gedicht gehört zur Schlussgruppe philosophischer Lyrik der *Prosas profanas* in der Ausgabe von 1901. Es ist der zweite Gedichtband der zentralen Figur des lateinamerikanischen *modernismo*, der Bewegung in festgefahrene Versformen und Motive brachte. – 4 *Venus de Milo*: Statue der Göttin der sinnlichen Liebe, die 1820 gefunden wurde und sich heute im Louvre befindet. – 5 *peristilo*: In der griechischen Antike von Säulen gesäumter Innenhof.

JULIO HERRERA Y REISSIG (URUGUAY)   84

Montevideo 1875 – Montevideo 1910

> SOLO VERDE-AMARILLO PARA FLAUTA. LLAVE DE U (Text: *Poesía completa y prosas. Edición crítica*, hg. v. Ángeles Estévez, 1998, S. 323; Ü: Martin von Koppenfels). Das Sonett erschien 1902 in der montevideanischen Zeitschrift *Almanaque Artístico del Siglo XX*. Der «Notenschlüssel» U gibt, ähnlich wie die *contraintes* des OuLiPo oder Mallarmés «Sonett auf -ix», die Spielregel vor: Mach ein U-Gedicht, das über den konsonanten Reim ABBA ABBA CCD EED hinaus sich durchwegs assonierend auf u-a reimt und die Assonanz zusätzlich als Binnenreim wiederkehren lässt.

DELMIRA AGUSTINI (URUGUAY)   86

Montevideo 1886 – Montevideo 1914

> FUE AL PASAR (Text: *Poesías completas*, hg. v. Magdalena García Pinto, 1993, S. 203; Ü: Susanne Lange, *Flores Nocturnas/Nächtliche Blüten*, 2013, S. 103). Aus *Los cantos de la mañana* (1910). Agustini steht am Beginn einer Reihe selbstbewusster Dichterinnen, die die uruguayische Lyrik bis in die Gegenwart dominieren.

ANTONIO MACHADO Y RUIZ (SPANIEN)   88

Sevilla 1875 – Collioure 1939

> TARDE TRANQUILA, CASI (Text: *Poesía y prosa*, hg. v. Oreste Macrí u. Gaetano Chiappini, Bd. 2, 1989, S. 480; Ü: Martin von Koppenfels). Aus *Soledades. Galerías. Otros poemas* (1907). Machado findet ganz im Gegensatz zur üppigen Rhetorik von Barock und *modernismo* zur Einfachheit zurück.

> CAMINANTE, SON TUS HUELLAS (Text: ebda., S. 575; Ü: Susanne Lange). Bei diesem kurzen, fast sprichwörtlich gewordenen Gedicht in Romanzenform handelt es sich um das 29. Stück der Serie «Proverbios y cantares».

JUAN RAMÓN JIMÉNEZ (SPANIEN)   90

Moguer 1881 – San Juan, Puerto Rico 1958

> EL RECUERDO SE VA (Text: *Libros inéditos de poesía*, Bd. 2, 1967, S. 103;

Ü: José F. A. Oliver). Unveröffentlicht, aus dem Jahr 1911/12. Das heterometrische Gedicht zeigt die modernistische Lust an der Auflösung fester Formen.

JOSÉ JUAN TABLADA (MEXIKO)   92
Coyoacán 1871 – New York 1945

PECES VOLADORES (Text: *Obras I: Poesía*, hg. v. Héctor Valdés, 1971, S. 444; Ü: Nico Bleutge). Aus *El jarro de flores* (1922), das letzte Gedicht aus der Abteilung «Marinas» (Seestücke). Tablada nennt diese dem Haiku nachempfundenen Verse «synthetische Gedichte».

RAMÓN LÓPEZ VELARDE (MEXIKO)   94
Jerez de García Salinas 1888 – Mexiko-Stadt 1921

HORMIGAS (Text: *Obra poética*, hg. v. José Luis Martínez, 1999, S. 161; Ü: Petra Strien). Aus *Zozobra* (1919). Erstveröffentlichung in *El Universal Ilustrado*, 14.12.1917. López Velarde erweiterte das lyrische Bildrepertoire mit höchst eigenwilligen Prägungen, die bis heute Einfluss auf die lateinamerikanische Lyrik haben.

ALFONSINA STORNI (ARGENTINIEN)   98
Sala Caprisca 1892 – Mar del Plata 1938

PALABRAS DEGOLLADAS (Text: *Poesías completas*, 1993, S. 291; Ü: Martina Kieninger). Aus *Mundo de siete pozos* (1934). Ein beredtes, antiromantisches Porträt des Nichtgesagten.

CÉSAR VALLEJO (PERU)   100
Santiago de Chuco 1892 – Paris 1938

EN UN AUTO ARTERIADO DE CÍRCULOS VICIOSOS (Text: *Poesía y narrativa completas*, hg. v. Antonio Merino, 2019, S. 211f.; Ü: Martin von Koppenfels). Aus dem Band *Trilce* (1922). Ein ramponiertes Sonett, das in der ersten Strophe noch Reimreste aufweist. Das uralte lyrische Motiv des Kreislaufs der Jahreszeiten ist zum «Teufelskreis» geworden.

VICENTE HUIDOBRO (CHILE)   102
Santiago de Chile 1893 – Santiago de Chile 1948

ARTE POÉTICA (Text: *Obra poética*, hg. v. Cedomil Goic, 2003, S. 391; Ü: Mario Markus, *Chilenische Lyrik*, 2016, S. 25). Aus *El espejo de agua* (1916). An diesem Credo des Dichters als «kleiner Gott» sollten sich viele Lyriker reiben, so auch Huidobros Landsmann Pablo Neruda.

PABLO NERUDA (CHILE)   104
Parral 1904 – Santiago de Chile 1973

ANIMAL DE LUZ (Text: *Obras completas*, hg. v. Hernán Loyola, 1999–2002, Bd. 3, S. 827f.; Ü: Susanne Lange). Aus *Jardín de invierno* (1974). Postum veröffentlicht. Hier findet Neruda nach seinen politischen Gedichten wieder zu einer lyrischen Verdichtung.

GILBERTO OWEN (MEXIKO)

El Rosario, Sinaloa 1904 – Philadelphia 1952

ES YA EL CIELO (Text: *Obra poética*, hg. v. Armando Alzamora, 2013, S. 190; Ü: Christian Filips). Dieses Gedicht wurde nach Owens Tod unter seinen Papieren gefunden. Es ist vermutlich ein Fragment, zeigt jedoch anschaulich Owens Begriff einer Dichtung, die sich allem zu öffnen hat.

JUAN L. ORTIZ (ARGENTINIEN)

Puerto Ruiz 1896 – Paraná 1978

HAY ENTRE LOS ÁRBOLES (Text: *Obra completa*, hg. v. Sergio Delgado, 2005, S. 99; Ü: Harald Bronstering, Monika Lübcke). Aus *El alba sube...* (1937). Ortiz entwickelt in seinen Gedichten ein ganz eigenes Verhältnis zur Natur als interagierendem Gegenüber.

FEDERICO GARCÍA LORCA (SPANIEN)

Fuente Vaqueros, Granada 1898 – Víznar, Granada 1936

CASIDA DE LAS PALOMAS OSCURAS (Text: *Obras completas*, hg. v. Miguel García Posada, 1996, Bd. 1, S. 606; Ü: Martin von Koppenfels). Neunte und letzte Kasside des *Diván del Tamarit* (1940) in metrisch unregelmäßiger, durchgehend assonierender Romanzenform. – Widmung: Claudio Guillén (1924–2007) war der Sohn des Dichters Jorge Guillén.

MIGUEL HERNÁNDEZ (SPANIEN)

Orihuela 1910 – Alicante 1942

NANAS DE LA CEBOLLA (Text: *La obra completa: poesía, teatro, cuentos y crónicas*, hg. v. Jesucristo Riquelme u. Carlos R. Talamás, 2017, S. 830ff.; Ü: Werner von Koppenfels, *Aus den Kerkern Europas*, 2014, S. 8off.). Aus dem Band *Cancionero y Romancero de ausencias*. Erstveröffentlichung 1946 in der Zeitschrift *Halcón*. Das letzte Gedicht in Hernández' Notizbuch. Der Titel wurde nachträglich hinzugefügt, auch die Erläuterung stammt von fremder Hand, wird aber in den spanischen Ausgaben beibehalten, um die Entstehungsumstände des Gedichts zu erklären.

LUIS CERNUDA (SPANIEN)

Sevilla 1902 – Mexiko-Stadt 1963

DONDE HABITE EL OLVIDO (Text: *Obras completas*, hg. v. Derek Harris u. Luis Maristany, Bd. 1, 1993/94, S. 201; Ü: Susanne Lange, *Wirklichkeit und Verlangen*, 2004, S. 45). Aus *Donde habite el olvido* (1933). Geschrieben am 5. Mai 1932. – 1 *Donde habite el olvido*: Hier zitiert Cernuda Gedicht 67 (LXVI) des Romantikers Bécquer (vgl. S. 74).

JAIME GIL DE BIEDMA (SPANIEN)

Barcelona 1929 – Barcelona 1990

DE VITA BEATA (Text: *Obras: Poesia y prosa*, hg. v. Nicanor Vélez, 2010, S. 251; Ü: Martin von Koppenfels, *Du kamst, Vogel, Herz, im Flug*, S. 43). Aus

Poemas póstumos (1968). Der Titel des Gedichts («Vom glücklichen Leben») ist einer moralphilosophischen Schrift Senecas entlehnt.

JOSÉ LEZAMA LIMA (KUBA)

Havanna 1910 – Havanna 1976

Pez nocturno (Text: *Poesia completa*, hg. v. César López, 1999, S. 56f.; Ü: Susanne Lange). Aus *Enemigo rumor* (1941). Der Fisch steht bei Lezama für Nacht, Traum und den Abgrund, der sein Geheimnis wahrt. Der Nachtfisch veranschaulicht auch den Kampf zwischen dem Dichter und dem Gedicht, das sich nicht fassen lässt.

OCTAVIO PAZ (MEXIKO)

Mexiko-Stadt 1914 – Mexiko-Stadt 1998

SILENCIO (Text: *Obra poetica 1935–1988*, 2014, S. 49; Ü: Johanna von Koppenfels). Aus *Libertad bajo palabra* (1935–1957). Während Alfonsina Storni von «enthaupteten Worten» spricht (vgl. S. 98), beschreibt Paz einen Kreislauf, bei dem die Stille in eine andere Stille mündet.

NICANOR PARRA (CHILE)

San Fabián de Alico 1914 – Las Cruces 2018

RITOS (Text: *Obras completas y algo mas*, Bd. 1, 2006, S. 156; Ü: Thomas Brovot, *Dunkle Tiger*, 2012, S. 57). Aus *Canciones rusas* (1967). Parras «Antipoesie», bei der selbst das Alltäglichste zum Gegenstand des Gedichts werden kann, wird in der lateinamerkanischen Dichtung breit rezipiert.

IDEA VILARIÑO (URUGUAY)

Montevideo 1920 – Montevideo 2009

PARAÍSO PERDIDO (Text: *Poesia completa*, hg. v. Ana Inés Larre Borges, 2020, S. 79; Ü: Susanne Lange). Erstveröffentlichung in *Número 2* (1949). Entstanden 1947. Die Verweigerungsgeste des «ich will nicht» zieht sich durch das Gesamtwerk von Vilariño.

JORGE EDUARDO EIELSON (PERU)

Lima 1924 – Mailand 2006

HABITACIÓN EN LLAMAS (Text: *Vivir es una obra maestra: poesía escrita*, 2003, S. 88; Ü: Martin von Koppenfels, *Dunkle Tiger*, 2012, S. 133). Aus *Doble diamante* (1947). Hier legt Eielson buchstäblich Hand an die lyrischen Topoi von Stern, Sonne, Himmel und Meer.

JAVIER SOLOGUREN (PERU)

Lima 1921 – Lima 2004

LA TINTA EN EL PAPEL (Text: *Vida continua*, 1989, S. 123; Ü: Susanne Lange). Aus *Corola parva* (1973–1975). Dies ist das erste einer Serie von 24 Haikus.

AMANDA BERENGUER (URUGUAY)

Montevideo 1921 – Montevideo 2010

(LA CARTA) (Text: *Constelacion del Navio. Poesia 1950–2002*, 2002, S. 613;

Ü: Petra Strien). Aus *La botella verde* (1995). Das Gedicht ist wie das Möbius-band eine Endlosschleife.

ALDO OLIVA (ARGENTINIEN)

Rosario 1927 – Rosario 2000

> NOÉ (Text: *Poesia completa*, 2003, S. 138; Ü: Nico Bleutge). Aus *De Fascinationes* (1997).

ALEJANDRA PIZARNIK (ARGENTINIEN)

Buenos Aires 1936 – Buenos Aires 1972

> DE: ÁRBOL DE DIANA (Strophe 14) (Text: *Poesia. 1955–1972*, hg. v. Ana Becciú, 2003, S. 85, 90, 92, 94; Ü: Dagmara Kraus). Der Band (1962) umfasst insgesamt 38 meist knappe Strophen. – *Diana*: Göttin der Jagd. In Ovids *Metamorphosen* verwandelt Diana den Jäger Aktaion in einen Hirsch, als dieser sie nackt und wehrlos beim Baden überrascht. So kann er niemandem von ihrer Nacktheit berichten und wird schließlich von seinen eigenen Hunden zerfleischt.

> …AL ALBA VENID… (Text: ebda., S. 362; Ü: Thomas Brovot). Aus *Poemas no recogidos en libros* (1962–1972). – *al alba venid*: Der Vers stammt aus einem bekannten Lied volkstümlicher Dichtung aus dem 16. Jahrhundert, vgl. S. 26. – *Silvina Ocampo*: argentinische Schriftstellerin (1903–1993), mit der Pizarnik befreundet war.

GERARDO DENIZ (MEXIKO)

Madrid 1934 – Mexiko-Stadt 2014

> DIFÍCIL (Text: *Erdera*, 2005, S. 164; Ü: Susanne Lange, *Dunkle Tiger*, 2012, S. 267f.). Aus *Enroque* (1986). Bei Deniz mischen sich nicht nur Lyrisches und Fachsprachliches, sondern auch die Epochen, von der Vorgeschichte bis zur Moderne.

SEVERO SARDUY (KUBA)

Camagüey 1937 – Paris 1993

> EPITAFIOS: VII. (Text: *Obra completa*, hg. v. Gustavo Guerrero, Bd. 1, 1999, S. 252; Ü: Thomas Brovot). Aus *Epitafios, imitación, aforismos* (1994). Das letzte von sieben burlesken, den eigenen Tod verspottenden Epitaphen in Dezimenform, die Sarduy 1992 gegen Ende seines Lebens schrieb.

JOSÉ KOZER (KUBA)

Havanna *1940

> ÍNDOLE ULTERIOR (Text: *Nulla dies sine linea*, 2015, III 35; Ü: Susanne Lange, *Trazas/Spuren*, 2007, S. 109). Die Klammern führen bei Kozer das Gedicht in eine dritte Dimension, die Kommentar, Echo, Zweifel, Kontrapunkt sein kann.

NÉSTOR PERLONGHER (ARGENTINIEN)

Avellaneda, Buenos Aires 1949 – São Paulo 1992

> TEMA DEL CISNE HUNDIDO (1) (Text: *Poemas completos*, 2003, S. 305;

Ü: Petra Strien). Aus *El chorreo de las iluminaciones* (1992). Perlongher versenkt hier ein zentrales Motiv modernistischer Dichtung, den Schwan.

RAÚL ZURITA (CHILE) 152

Santiago de Chile *1950

NAUFRAGA, SE HUNDE (Text: *INRI*, 2004, S. 72; Ü: Eugen Gomringer, *VERSschmuggel*, 2006, S. 63). Die chilenische Landschaft erhält bei Zurita eine körperliche Präsenz, in der auch die Gewalt der Diktatur zum Ausdruck kommt.

REINA MARÍA RODRÍGUEZ (KUBA) 154

Havanna *1952

EL RECORRIDO DE LA ARAÑA (Text: *Libro de las clientas seguido de Catch and Release*, 2016, S. 78; Ü: Johanna Schumm). Aus *Catch and Release* (2006).

EDUARDO ESPINA (URUGUAY) 156

Montevideo *1954

CANTATA A NUESTROS DROMEDARIOS (Text: *Valores personales*, 1982, S. 27; Ü: Susanne Lange). Espina hat das lyrische Ich aus dem Gedicht verbannt und bietet seinen Worten nach stattdessen die «sprachliche Landschaft eines Gedankens».

SERGIO RAIMONDI (ARGENTINIEN) 158

Bahía Blanca *1968

EL PLOMERO VISITA LA CASA DEL POETA ÓRFICO Y LE DA UNA LECCIÓN (Text und Übersetzung: *Poesía civil/Zivilpoesie*, 2017, S. 54f.; Ü: Timo Berger). Raimondi erweist sich in *Poesía civil* (2001) als lyrischer Kommentator einer globalisierten Gegenwart.

JAIME LUIS HUENÚN (CHILE) 160

Valdivia, *1967

FABLA DE CASTILLA (Text: *Reducciones*, 2012, S. 47f.; Ü: Petra Strien). Aus *Reducciones* (2012). -- *Fabla de Castilla*: Der Archaismus «fabla» meint das archaische Spanisch der Konquistadoren. In dem Band *Reducciones* (das Wort bezeichnet die Reservate der Ureinwohner) wird Amerika aus Sicht derer neu entdeckt, die wie die Mapuche – die Gruppe, der Huenún entstammt – der Conquista zum Opfer fielen.

RECHTENACHWEIS

Martin von Koppenfels ist Professor für Allgemeine und Vergleichende Literaturwissenschaft an der Ludwig-Maximilians-Universität München und Mitglied der Berlin-Brandenburgischen Akademie der Wissenschaften.

Susanne Lange ist promovierte Literaturwissenschaftlerin und eine der renommiertesten Übersetzerinnen spanischer und lateinamerikanischer Literatur in Deutschland. Ihre Arbeit wurde vielfach mit Preisen, Gastdozenturen und -professuren ausgezeichnet.

Zusammen mit Petra Strien, Johanna Schumm und Horst Weich haben die beiden die vierbändige Anthologie *Spanische und hispanoamerikanische Lyrik* herausgegeben, die als «Wahnsinnswerk, ein Meisterstück» (Uwe Stolzmann, NZZ) und als «in jeder Hinsicht überwältigend» (Martin Oehlen, FR) gepriesen wurde.

Die Vermessung eines
poetischen Kontinents

Herausgegeben von Martin von Koppenfels, Susanne Lange,
Johanna Schumm, Petra Strien und Horst Weich.
Zweisprachig | 4 Bände im Schuber
2.539 Seiten | Gebunden | 978-3-406-79032-4

«Ein Prachtband»
Katharina Borchardt, SWR 2

Der einzigartige Reichtum der spanischsprachigen Lyrik ist hierzulande nur ansatzweise bekannt. Diese Anthologie leistet Pionierarbeit: In vier Bänden stellt sie die Glanz- und Höhepunkte einer Tradition vor, die vom mittelalterlichen Al-Andalus bis heute und von Spanien über Mexiko bis nach Argentinien reicht – in exzellenten Übersetzungen und mit knappen, hilfreichen Kommentaren.
Eine Einladung zum Entdecken!

«Vom Chile der Gegenwart ins Madrid von Karl V., aus einer neuen in eine sehr alte Welt: Das ist eine weite Fahrt. ... Die zweisprachige Sammlung spanischsprachiger Lyrik ist ein Wahnsinnswerk, ein Meisterstück.»
Uwe Stolzmann, Neue Zürcher Zeitung

«Die vierbändige Anthologie ist in jeder Hinsicht überwältigend. Eine derart umfassende Präsentation der spanischen und hispanoamerikanischen Lyrik von den Anfängen bis in die Gegenwart hat es auf dem deutschsprachigen Buchmarkt noch nicht gegeben. Selbst im Weltvergleich ... lässt sich eine solche Anthologie kaum finden.»
Martin Oehlen, Frankfurter Rundschau

C.H.BECK
WWW.CHBECK.DE